„Tatsachen schafft man nicht dadurch aus der Welt, dass man sie ignoriert."
Aldous Huxley, Schriftsteller

Daniel B. Sauer

Privatsphäre

Gedanken zu einem verlorenen Gut

Bibliografische Information der Deutschen Nationalbibliothek:
Die Deutsche Nationalbibliothek verzeichnet diese Publikation in der Deutschen Nationalbibliografie; detaillierte bibliografische Daten sind im Internet über http://dnb.dnb.de abrufbar.

© 2016 Daniel B. Sauer

Illustration: Daniel B. Sauer
Umschlag Design: bear2light
Lektorat: Peter Wyss

Herstellung und Verlag: BoD – Books on Demand, Norderstedt

ISBN: 978-3-7412-0915-4

Inhaltsverzeichnis

I. Einführung 1
II. Identität: Unsere Merkmale 8
Merkmal: Biometrische Daten 9
Merkmal: Unsere Stimme 13
Merkmal: Unsere Schrift 17
Merkmal: Unser Körper 22
Merkmal: Unsere Bewegung 30
Problem: Identitäts-Diebstahl 33
III. Freiheit: Bewegung mit digitalen Fesseln 37
Wo bin ich? Die Gefahr durch Positionsdaten 40
Bewegungs- und Aktivitätsdaten 46
Freie Fahrt im Auto 49
Airliner oder Business Jet? 55
Bargeldlos zahlen 60
IV. Unserer Angreifer: Ihre Methoden 65
Marketing 66
Social Engineering 70
Profiling 76
V. Unsere Angreifer: Ihre Motivation 83
Motiv 1: Benutzer einfangen 84
Motiv 2: Informationen absaugen 86
Motiv 3: Beziehungen aufdecken und nutzen 89
Motiv 4: Daten auf „Halde" sammeln 92
Motiv 5: Kriminelle Absichten 93
Motiv 6: Neugier 95
Motiv 7: Image wahren 96
VI. Altes Verhalten in der neuen virtuellen Welt 98
Gleichgültigkeit 101
Eitelkeit und Anerkennung 103

Ethik und Moral 104
VII.   Unsere Überlebensstrategien **108**
Annehmlichkeit versus Sicherheit 109
Ich denke… 111
E-Mail 113
Soziale Netzwerke und Chat-Plattformen 114
Smartphone 115
VPN-Dienste 120
Web-Browser und Tor-Netzwerk 120
Passwörter 124
Strategie bei der Arbeit 127
Digitaler Nachlass 130
VIII.   Gedanken zum Schluss **134**
Der digitale Mensch 135
Unbequemer Gedanke 139
Unsere Entscheidung 141
IX.   Anhang **144**
Rechtliche Hinweise 144
Stichwortverzeichnis 145
Quellen 146

I. Einführung

Privatsphäre ist ein Gut, welches wir als moderne Gesellschaft bereits verloren haben. Unsere Nachfahren werden wohl kaum mehr ein Wort dafür in ihrem Wortschatz führen, so wie wir heute keine Ahnung mehr haben, wie man eine Kuh melkt oder einen Bären mit einem Speer bewaffnet erlegt.

Im Laufe der letzten 20 Jahre ist unsere Privatsphäre eine Illusion geworden, unabhängig davon, ob wir dies uns eingestehen oder nicht. Wieso dies so ist, ist eine Frage, die wir in den nachfolgenden Seiten beleuchten. Warum wir dies zuliessen, ist eine Frage, welche uns Psychologen oder Philosophen beantworten werden – oder auch nicht. Was aber über die Menschheitsgeschichte hinaus bewiesen ist, ist die Tatsache, dass sich der Mensch immer für den vermeintlich einfacheren Weg entscheidet, wenn er in seiner Komfortzone eingebettet ist. Ebenso gilt, dass jede zusätzliche Möglichkeit, die sich dem Menschen bietet, meistens ohne kritische Hinterfragung und oftmals gar gedankenlos wahrgenommen wird.

Wir leben heute in einer sogenannt vernetzten Welt. Dies bringt viele Vorteile. Vor 40 Jahren musste man sich noch in eine Biblio-

Einführung

thek bemühen, um Wissen abzufragen. Heutzutage benutzt man Google und erhält in Sekunden eine oder mehrere Antworten – ob sie richtig oder falsch sind, sei dahingestellt.

Es ist die Einfachheit, die Bequemlichkeit oder auf Neudeutsch die *Convenience*, welche uns tagtäglich in Versuchung führt. Es sind die vermeintlich kostenfreien Angebote in Form von Applikationen (Apps) oder Kundentreuekarten, welche uns das Leben oft einfacher oder billiger oder besser oder schneller oder sonst wie angenehmer machen. Dass diese *Convenience,* die uns eine Zeitersparnis verspricht, uns kein Geld kostet, aber unserer Privatsphäre beraubt, scheint der Menschheit egal zu sein.

Wie heisst es so schön: „Unwissenheit schützt vor Strafe nicht". Ja, viele von uns, die meinen, sich nichts zu Schulden kommen zu lassen, glauben, dass ein paar Daten über uns doch kein Problem darstellt. Da eh niemand Allgemeine Geschäftsbedingungen (AGB), Nutzungsrechte oder Hinweise zum Datenschutz liest, ist dies auch verständlich. Wenn man dies nämlich aufmerksam täte, hätten Mann oder Frau ja nur ein Problem mehr: Sich zu entscheiden, ob man einer fremden Person, Organisation oder Firma wirklich so viel Vertrauen schenken will, dass diese Zugriff auf unsere Kontakte,

SMS, Bilder, E-Mails oder Dokumente erhalten, ohne damit Unfug zu treiben, sondern diese nur zu meinem Wohl verwenden. Wir erlauben damit den Zugriff auf die Kamera oder das Mikrofon, welche im Smartphone oder PC eingebaut sind, oder senden freiwillig unsere Position, damit auch alle diese freundlichen Wohltäter, welche uns Apps zur Verfügung stellen, wissen, ob wir zu Hause, bei der Arbeit oder in einem schummrigen Etablissement sind. Wenn man sich dies einmal verinnerlicht, dann könnte uns dies sehr leicht den gesunden Schlaf rauben. Vogel Strauss lässt grüssen – lieber stecken wir den Kopf in den Sand, als uns mit einer Tatsache herumzuschlagen, die uns zu einer Änderung unseres Verhaltens zwänge.

Wenn man sich verstecken will, dann sucht man den Wald auf und nicht das freie Feld. Obwohl dies eigentlich eine Binsenweisheit ist, vergisst man sie einfach, wenn man im Internet surft. Jeder denkt, das Internet sei ja sowieso anonym. Leider war das nie ein korrektes Statement. Für den Zugang zum Internet bedarf es einer Adresse. Wie im realen Leben, in dem der Postbote auch einen physischen Briefkasten braucht, um einen Brief oder ein Paket zuzustellen, bedarf es im Internet einer physischen Adresse. Dies ist meist die IP (Internet Protokoll)-Adresse des Modems oder Routers, die

Einführung

"Otto Normalverbraucher" von seinem Internet Provider erhält, oder die IP-Adresse des Routers in der Firma. Diese Adresse kann selbst von einem Computerlaien – zugegebenermassen abhängig vom Internet Service Provider – einfach eruiert werden.

Also ist Vorsicht geboten für alle Damen, die sich im Internet mit einem Mann treffen und glauben, dass niemand herausfinden könne, von wo die E-Mail oder der Zugriff auf eine Website stattgefunden hat. Immer wieder kann man in der Tagespresse[i] lesen, dass ein Stalker eine Frau belästigt, die er im Internet kennengelernt hat und plötzlich vor der Tür oder ihrem Lieblingsrestaurant stand oder sie gar tötete[ii]. Wieso? Weil die IP-Adresse ihren Standort oder sie selbst so viel von sich preisgegeben hat, dass eine einfache Suche mit Google ihren Wohnort, mit Hilfe von Street View auffindbar gemacht hat. Die Illusion der Anonymität ist also ein Konstrukt, das nicht hält, was es verspricht.

Es ist eine Tatsache, dass es Möglichkeiten des Schutzes gibt, wobei es immer eine Frage ist, vor wem man sich schützen will. Sun Tsu hat einmal gesagt, dass jeder Feind, der mehr Energie, Mittel und Willen in einen Krieg legt, gewinnen wird. Kurz und gut, versuchen Sie sich vor einer flüchtigen Bekanntschaft im Internet zu schützen, dann können Sie Web-Browser benützen, die Ihnen die Möglichkeit geben, "privat" zu surfen. Im Allgemeinen heisst dies, dass Sie über die Server des Browser-Anbieters surfen. Somit ist Ihre IP-Adresse identisch mit der von allen anderen Benutzern, die diesen Dienst benutzen – und somit werden Sie zur unauffindbaren Nadel im Heuhaufen.

Aber halt! Der Hersteller des Browsers weiss trotzdem, was und wo Sie surfen. Sie sind daher nur vor dem Stalker um die Ecke geschützt, nicht aber von Firmen, die mit Ihren Daten und Ihrem Verhalten ihr Geld verdienen. Sei es Apple, Google oder Microsoft, sei es ihr geliebter Online-Anbieter wie Amazon oder Ebay – Sie sind weiterhin transparent, und Ihr Verhalten ermöglicht diesen Firmen, Milliardenumsätze zu generieren. Wieso? Weil Sie Ihre Privatsphäre opfern, damit diese Firmen und ihre Shareholder reich werden. Wie dies funktioniert, ist einfach. Entweder melden Sie sich freiwillig bei "Ihrem" Dienst an, wie zum Beispiel Apple, Google oder Microsoft, oder Ihr Browser platziert Cookies auf ihrem Device. Wenn Sie eine Abfrage tätigen oder ein Produkt kaufen, verraten diese Cookies jedes Mal: "Sie oder er kauft mal wieder was oder ist immer noch auf der Suche nach der grossen Liebe." Die Verwen-

Einführung

dung von Werbe-IDs und anderen Massnahmen verfeinern diese Methode.

Wieso also wundert sich heute die Frau, die sich soeben im Internet über Schwangerschaftstests und ein paar Tage später über Schwangerschaft im Allgemeinen informiert, weshalb Sie Sonderangebote für Babykleidung, Schwangerschaftsturnen oder Babykrippen erhält? Sie wundert sich nur deswegen, weil sie sich nie darüber Gedanken gemacht hat, wer welche Daten über sie aufzeichnet und verwertet. Ob diese Sonderangebote wirklich preiswert sind, sei dahin gestellt – meistens sind sie es nicht! Aber diese Angebote sind perfekt auf den Kunden zugeschnitten zu einem Zeitpunkt, wo das Bedürfnis zum Kauf besteht.

Es stellt sich die Frage, ob es besser oder schlechter ist, einen Computer oder ein Mobiltelefon zu benutzen. Einmal abgesehen von der Grösse und Bedienfreundlichkeit besteht heute fast kein Unterschied mehr. Leider! Die Verwendung von Apps bei Apple, Google/Android oder Windows hat im Versteckten die Möglichkeit für eine grossangelegte Invasion auf die Privatsphäre der Benutzer eingeläutet. Weil die Verwendung einer Website zum Browsen schon eine massive Attacke auf die Privatsphäre war, so ist die

Verwendung von Apps auf irgendeinem Device das Äquivalent von einem Super-GAU, dem „grössten anzunehmenden Unfall". Da die Allgemeinen Geschäftsbedingungen sowieso von niemandem gelesen werden und die Anbieter von solchen Applikationen diese auch in einer Art und Weise verfassen, dass die AGBs niemand wirklich lesen will, öffnen Applikationen Tür und Tor für den Verlust der Privatsphäre.

Folgende Geschichten sind teilweise fiktiv, haben aber einen engen Bezug zur Wirklichkeit. Alle Technologien sind erhältlich und werden oder könnten in der beschriebenen Form eingesetzt werden. Es geht nicht darum, Ihnen mitzuteilen, ob Apple besser ist als Microsoft, oder ob Sie besser auf Google suchen oder lieber Bing wählen sollten, sondern geht es darum, Sie für die Gefahren zu sensibilisieren, welche im digitalen Zeitalter auf uns lauern. Ziel ist es, Denkanstösse zu vermitteln, irrige Annahmen zu entlarven und Ihnen die Augen zu öffnen für die Gefahren, die unsere Privatsphäre bedrohen. Es sind Ihre Entscheidungen, die sie tagtäglich treffen, die Ihr Leben potentiell nachhaltig beeinflussen können. Und leider haben Sie bei vielen Entscheidungen nur eine einzige Chance – denn das Internet vergisst nie.

II. Identität: Unsere Merkmale

Der Mensch als Individuum besteht aus vielen einzelnen Komponenten. Jede einzelne Komponente verrät nicht sehr viel über den Menschen, aber durch die Kombination der einzelnen Komponenten kann – schneller als man denkt – das Bild eines Individuums entstehen. Da man sich oft nicht so viele Gedanken über die eigene Wahrnehmung macht, ist es auch nicht verwunderlich, dass wir sehr freigiebig sind mit Informationen über uns selbst.

Eitelkeit oder die einfache Freude darüber, dass sich jemand für uns interessiert, können Gründe dafür sein, aber meistens ist unsere eigene Ignoranz dafür verantwortlich, dass wir uns Fremden offenbaren. Die folgenden Beispiele zeigen auf, wie fragil wir als Mensch sind und wie einfach es ist, unsere Identität zu stehlen, uns zu verfolgen und unser Verhalten vorhersehbar zu machen, falls wir keine Vorsichtsmassnahmen treffen.

Merkmal: Biometrische Daten

„Es ist durchaus nicht dasselbe, die Wahrheit über sich zu wissen oder sie von anderen hören zu müssen."
Aldous Huxley, Schriftsteller

Biometrische Daten wie Fingerabdrücke oder Retina Scans[iii] sind heute auf Smartphones und Notebooks gängige Methoden zur Benutzeridentifikation. Solche Methoden sind nicht neu. Mercedes hat in der Vergangenheit seine S-Klasse mit Fingerprint-Scannern ausgestattet. Vielleicht war die Idee auf dem Reissbrett innovativ, aber auf der Strasse hat sich leider gezeigt, dass Autodiebe keinen Unterschied machen, ob sie einen Autoschlüssel klauen oder dem Besitzer den Finger abschneiden müssen[iv]. Es versteht sich von selbst, dass niemand mag, wenn sein Wagen gestohlen wird, aber wenn ihm dabei ein Finger abhanden kommt, hört der Spass auf.

Wenn man es richtig bedenkt, dann gibt es eigentlich nichts Spassiges an biometrischen Daten. Seit 100 Jahren werden Fingerabdrücke in Kriminalfällen gesichert, ausgewertet und Angeklagte anhand der Fingerabdrücke verurteilt. Kaum jemand hat etwas dagegen, dass man Verbrecher aufgrund von Fingerabdrücken fängt

Identität: Unsere Merkmale

und verurteilt. Dass Behörden jedoch weltweit Datenbanken anlegen und Fingerabdrücke von uns allen speichern, ist eine Tatsache, die nicht leicht zu verdauen ist. Nach offiziellen Angaben des FBI[v] beinhaltet ihre Datenbank mehr als 51 Millionen. Wie viele Fingerabdrücke und Gesichter der US Homeland Security Service gespeichert hat, ist unbekannt, aber 70 Millionen Touristen aus dem Ausland besuchen die USA jährlich. Da jeder Nicht-US-Amerikaner an der Grenze mit Gesicht und Fingerabdrücken erfasst wird, ist eine Schätzung von ein paar 100 Millionen Personen nicht unvorstellbar. Wie fühlen Sie sich dabei?

An Datenbanken mit unseren Fingerabdrücken und Gesichtszügen haben wir uns ja bereits gewöhnt. Biometrische Pässe sind Standard. Vollends werden wir unsere Privatsphäre verlieren, wenn die Abgabe der eigenen DNA zur Pflicht wird. Die Desoxyribonukleinsäure[vi] (DNS oder Englisch DNA) ist der Speicherort unseres genetischen Materials, sozusagen unser genetischer Fingerabdruck. Die DNA enthält somit die Baupläne unserer Zellen und ist so einzigartig, dass sie als forensisches Beweismittel zugelassen wird.

Die DNA kann aber auch Informationen über unser Risiko, an Krebs zu erkranken[vii], beinhalten. Noch werden DNA-Profile aus

Datenbanken der Polizei gelöscht[viii], wenn von unbeteiligten Personen DNA-Proben genommen wurden und keine Hinweise auf eine Straftat erbracht werden konnten. Es bleibt abzuwarten, wie lange dies so bleiben wird. DNA-Datenbanken werden heute bereits angeboten[ix]. Überlegt man weiter, so ist ein Szenario, bei welchen wir gleich bei der Geburt unserer DNA beraubt werden, zumindest denkbar.

Identität: Unsere Merkmale

Bedrohung
der  Biometrische Daten

- ✓ Benutzen Sie keine Fingerprints oder Retina Leser als Passwort Ersatz für Ihren PC oder für Ihr Smartphone,
- ✓ Haben Sie Probleme sich Passwörter zu merken, dann entwickeln Sie ein Schema, welches für Sie funktioniert. Biometrische Scanner sind als Passwortersatz eine schlechte Lösung für Ihre Privatsphäre.
- ✓ Machen Sie keinen vorsorglichen DNA-Test, sofern dieser nicht von Ihrem Vertrauensarzt vorgeschlagen wurde.

Privatsphäre: Gedanken zu einem verlorenen Gut

Merkmal: Unsere Stimme

„Je weniger wir Trugbilder bewundern, desto mehr
vermögen wir die Wahrheit aufzunehmen."
Erasmus von Rotterdam, Humanist

Die Stimme ist eines unserer Erkennungsmerkmale. Wie wir artikulieren, welche Tonalität uns eigen ist und wann wir Pausen machen in einem Satz, ergibt ein Stimmbild, das von anderen Personen wiedererkannt werden kann. Wer von uns überlegt sich schon die Möglichkeit, wie seine Stimme gestohlen und für kriminelle Machenschaften missbraucht werden kann.

Stellen sie sich vor, Sie sitzen im Office, und Ihr Boss ruft an. Sie erkennen seine markante Stimme und lauschen seinen Forderungen. Er teilt ihnen mit, dass Sie dies oder das tun sollen, und nach dem Telefongespräch machen Sie sich daran, seine Wünsche umzusetzen. Alles gut, oder? Nicht wirklich – alles ist falsch! Wieso, denken Sie. Ihr Boss hat Sie angerufen, Sie haben seine Stimme erkannt, und Sie tun, was er Ihnen aufgetragen hat. Aber warum wissen Sie, dass Ihr Boss Sie angerufen hat?

Mehrere Webseiten bieten heute an, Ihre Stimme zu digitalisieren. Nein, Sie werden nicht wie eine Bahnhofsansage aus den 80er-

Identität: Unsere Merkmale

Jahren klingen. Ihre Stimme klingt, als ob Sie sprechen. Jeder, der einen Text eingibt, wird mit Ihrer digitalisierten Stimme klingen wie Sie. Sie wurden Ihrer Stimme beraubt, und irgend jemand wird Ihre Stimme zur Verwendung haben, um seine Ziele umzusetzen. Unmöglich, denken Sie.

Brauchen Sie Siri auf Ihrem iPhone? Glauben Sie wirklich, dass Siri nur zu Ihrer Hilfe da ist? Oder ist es vielmehr eine geschickte Manipulation von Apple, um Ihre Stimme zu digitalisieren? Klar bittet Sie Siri immer wieder, einen speziellen Satz nachzusprechen, damit Siri Sie besser versteht[x]. Oder dass Ihr mangelhaftes Sprachprofil nachgebessert werden kann. Es liegt an Ihnen zu glauben, was Sie wollen. Aber bedenken Sie, dass eine Stimme gefälscht werden kann. Und ja, ohne Vorsichtsmassnahmen werden Sie nie wissen, ob die Person, die Sie hören, auch wirklich diese Person ist.

Eine solche Massnahme wäre, Schlüsselwörter oder Sätze mit Ihren Gesprächspartnern abzumachen. Auch wenn sich dies ein wenig wie James Bond anhört, es ist eine gute Möglichkeit herauszufinden, ob nur jemand klingt wie die Person, für die er sich ausgibt oder wirklich auch ist. Haben Sie keine Schlüsselwörter abgemacht mit der Person, die Sie am Telefon haben, aber haben Sie schon gemeinsame Erfahrungen gemacht, wie etwa ein Mittagessen, Ferien oder eine Geschäftsreise, dann streuen Sie eine Anekdote ins Gespräch ein und hören Sie, wie Ihr Gegenüber darauf reagiert.

Identität: Unsere Merkmale

Bedrohung

der **PRIVATSPHÄRE**

Diebstahl unserer Stimme

- ✓ Meiden Sie Sprachsteuerung von Smartphones, Autos oder irgendwelchen anderen elektronischen Geräten.
- ✓ Verwenden Sie keine Apps wie Apple Siri oder Microsoft Cortana.
- ✓ Verwenden Sie nur „Off-Line" Sprachtrainer ohne notwendigen Internetanschluss.
- ✓ Verwenden Sie keine „Voice to Text" Software für Diktate.
- ✓ Seien Sie vorsichtig, wenn Ihnen jemand sagt, ob Sie einen bestimmten Text vorlesen können – der Text könnte für Sprachprofiling optimiert sein.

Merkmal: Unsere Schrift

„Leserlichkeit ist die Höflichkeit der Handschrift."
Friedrich Dürrenmatt

Tablet Computer drängen sich immer mehr in unser Leben. Wie einst die Schiefertafel, auf der unsere Grosseltern schreiben lernten, versuchen wir Web-Inhalte auf dem Tablet abzurufen oder mit unserer Handschrift Notizen zu erfassen, die automatisch in leserlichen Text konvertiert werden. Es ist nicht verwunderlich, dass viele der heute uns „frei" verfügbaren Technologien wie Sprach- und Texterkennung aus dem Kalten Krieg stammen. Geheimdienste, die schon damals unzählige Telefonate und Faxdokumente analysieren und auswerten mussten, suchten nach Möglichkeiten, diese Arbeit mithilfe von Computern effizienter zu gestalten.

Die Handschrift ist uns eigen, und obwohl sie gefälscht werden kann, ist sie doch etwas, was uns definiert. Es stellt sich daher die Frage, ob uns Firmen wie Apple oder Microsoft Handschrift-Erkennungs-Software kostenlos zur Verfügung stellen, weil sie für unser Wohl bedacht sind oder ob sich vielleicht andere Motive dahinter verbergen. Auch unzählige Webseiten bieten „kostenlose" Handschrift-zu-Text-Font-Konverter an, welche aufgrund eines von

Identität: Unsere Merkmale

uns ausgefüllten Formulars einen Computer-Schrifttypus erstellen, der zumindest sehr nahe an unsere Block-Handschrift herankommt. Auch hier kann man sich fragen, wieso jemand eine kostenlose Dienstleistung erbringt, nur damit wir einen auf dem Computer geschriebenen Brief in unserer Handschrift erstellen können.

Das ultimative Spielzeug für den gestressten Manager ist jedoch der Smartpen. Diese haben eine Miniatur-Kamera im Kugelschreiber eingebaut. Abhängig vom Hersteller kann man mit diesen Stiften auf Spezialpapier oder gängigen Notizblöcken schreiben. Der Text wird auf dem integrierten USB-Speichermedium gespeichert. Schliesst man den Stift am Computer an, wandelt die mitgelieferte Software den Text in Maschinenschrift um. Um die Dienstleistung des Herstellers zu verbessern, wird dabei alles, was wir mit dem Stift geschrieben haben, zur Analyse an den Server des Herstellers gesandt, sobald der Computer wieder Zugang zum Internet erhält. Auch hier ist es durchaus empfehlenswert, sich die Nutzungsbedingungen des Herstellers eines Smartpen anzusehen:

5. BENUTZEREINTRÄGE

Inhalte, die Sie an die Website übermitteln, werden als "Benutzereinträge" bezeichnet. "Benutzereinträge" können z. B. Kommentare sein, die Sie in einem Blog oder einem Forum veröffentlichen ("Benutzerkommentare"), Inhalte, die Sie mit einem Produkt von Livescribe erstellen ("Benutzerinhalte"), oder Softwareanwendungen, die Sie für die Nutzung mit einem Produkt von Livescribe erstellen ("Benutzersoftware"). Sie bleiben auch weiterhin Eigentümer Ihrer sämtlichen Benutzereinträge. Durch die Übermittlung von Benutzerkommentaren und Benutzerinhalten an Livescribe erteilen Sie hiermit folgende Lizenzen: an Livescribe eine weltweite, nicht exklusive, gebührenfreie, unterlizenzierbare und übertragbare Lizenz zur Nutzung, Vervielfältigung, Verteilung und Vorbereitung abgeleiteter Werke von Benutzerkommentaren und Benutzerinhalten, Anzeige und Nutzung der Benutzerkommentare und Benutzerinhalte in Verbindung mit der Website und den Geschäftsaktivitäten von Livescribe (sowie den entsprechenden Rechtsnachfolgern und verbundenen Unternehmen), insbesondere für die Bewerbung und erneute Verteilung eines Bestandteils der Website oder der gesamten Website (und davon abgeleiteter Werke) und der Produkte von Livescribe in allen Medienformaten und über alle Medienkanäle; an jeden Benutzer der Website eine nicht exklusive Lizenz für den Zugriff auf Ihre Benutzerkommentare und Benutzerinhalte über die Website und zur Nutzung, Vervielfältigung, Verteilung, Anzeige und

Identität: Unsere Merkmale

Angabe solcher Benutzerkommentare und Benutzerinhalte im Rahmen der Möglichkeiten und der vorliegenden Bedingungen. Nutzungsbedingung von Livescribe 3 Smartpen[xi]

Es scheint, dass nicht nur die Art und Weise unserer Handschrift für die Hersteller von Smartpens von Interesse ist. Auch wenn der Benutzersupport von Livescribe darauf hinweist, dass unsere Texte, welche auf dem Gerät erstellt werden, von der Firma nicht „abgesogen" werden, so besteht die technische Möglichkeit, dass sie dies trotzdem tun. Sei es, wie sie sagen, um den Service zu verbessern oder aus Interesse an unseren Texten, Verträgen oder Notizen, die wir mit solchen Produkten verfassen.

Nutzungsbedingungen können vom Hersteller jederzeit geändert werden, und wer von uns liest schon die neuen Nutzungsbedingungen, bevor man ein neues Update installiert? Es liegt an uns, dass wir uns überlegen, welche Produkte wir einsetzen wollen und welche Risiken für unsere Privatsphäre wir auf uns nehmen wollen.

Privatsphäre: Gedanken zu einem verlorenen Gut

Bedrohung
der  Diebstahl unserer Handschrift

- ✓ Meiden Sie Eingabe-Stifte auf Tablets, Smartphones oder Smartpens für die Digitalisierung Ihrer Texte.
- ✓ Müssen Sie den Empfang eines Pakets bei UPS oder Fedex quittieren, dann machen Sie ein X statt Ihrer Unterschrift
- ✓ Verwenden Sie keine Online-Dienste, welche Ihnen Ihre Handschrift als Computer Font anbietet.
- ✓ Verwenden Sie keine Programme, welche Ihre handschriftlichen Notizen nach dem Scannen oder Fotographieren in Text umwandelt.

Identität: Unsere Merkmale

Merkmal: Unser Körper

„Was ich an Fotos mag, ist, dass sie einen Moment festhalten, der für immer weg ist und den man unmöglich reproduzieren kann."
Karl Lagerfeld, Deutscher Modeschöpfer

Denkt man an die Vermessung eines Menschen, dann drängt sich eine Skizze aus dem Tagebuch von Leonardo da Vinci auf, die sich heute in der *Galleria dell'Accademia* in Venedig befindet. Der vitruvianische Mensch[xii], mit breitem Stand und ausgebreiteten Armen, wird durch einen Kreis und Quadrat beschrieben. Der menschliche Körper wird dabei nicht allein durch Kreis und Quadrat bestimmt, sondern unterliegt auch den Proportionsregeln für die einzelnen Körperteile wie Rumpf, Arme, Beine, Hände und Füsse.

Die praktische Anwendung vom vitruvianischen Menschen lag darin, in der Einfachheit die Proportionen des Menschen zu verstehen und diese dann für realitätsnahe Bilder wie die Mona Lisa oder Statuen wie Michelangelos David zu verwenden. Heute, 500 Jahre später, ist das Anliegen, möglichst realitätsnahe Abbilder von Menschen zu schaffen, grösser denn je. Auch wenn sich die Methoden für die Erstellung einer Kopie eines Menschen verändert haben, so

Privatsphäre: Gedanken zu einem verlorenen Gut

sind die grössten Veränderungen in den Motiven zu suchen, wieso man überhaupt ein Abbild machen will.

Fotografieren ist die einfachste Methode, um eine zweidimensionale Kopie von uns zu erstellen. Die verwendeten Technologien haben sich über die letzten 200 Jahre geändert, aber das Grundprinzip bleibt das gleiche – das Licht des gewünschten Bildausschnitts wird durch die Blende auf eine Fläche mit Metalloxid projiziert und gespeichert, entweder analog oder digital. Was sich über die Jahre verändert hat, ist die Tatsache, dass man nicht länger einen Fotografen benötigt, um ein teures Foto von sich zu schiessen. Heute reicht ein Smartphone, und man erhält, fast kostenlos, ein „Selfie" von sich.

Mit diesem Wandel einher geht eine soziale Veränderung. In der Vergangenheit war es ein Privileg, ein Bild von sich zu haben. Denken wir nur an die Gemälde von Adeligen und reichen Kaufleuten. Heute hat fast jeder die Möglichkeit, sich zu jeder Tageszeit und an jedem Ort abzulichten und die Aufnahmen per Internet zu veröffentlichen. Mit dem Foto als Selbstbildnis steigern wir unser Selbstwertgefühl und beziehen Stellung. Wir zeigen damit, wer wir

Identität: Unsere Merkmale

sind. Zeugen dafür sind die unzähligen Foto-Portale und Sozialen Netzwerke, die davon leben, dass wir unsere Fotos teilen.

Auch wenn es nicht gefährlich erscheint, dass man Fotos von sich selbst, von Freunden oder der Familie im Netz veröffentlicht, so ist leider das Gegenteil der Fall. Wieso ist das so, fragen Sie sich vielleicht? Es sind ja Ihre Fotos, die Sie ausgewählt haben und die Sie für gut befinden – sonst hätten Sie diese ja nicht veröffentlicht. Weil dies so richtig ist, vergessen wir allzu leicht, dass nicht nur wir Fotos veröffentlichen, sondern unsere Freunde, Familie, Mitarbeiter oder der Veranstalter der Party, an der Sie teilgenommen haben. Ebenso vergessen wir, dass das, was wir heute toll finden, wir vielleicht in Zukunft alles andere als „cool" beurteilen. Dies wird deutlich, wenn wir uns die Nutzungsbedingungen von Pinterest ansehen:

Ganz einfach ausgedrückt:
Kopien von Inhalten, die Sie mit anderen geteilt haben,
bleiben erhalten, auch nachdem Sie den Inhalt
aus Ihrem Konto gelöscht haben.

Auch wenn Sie es vermeiden, mit ihrem Namen im Internet zu erscheinen, so haben Internet-Anbieter wie Google längst eine Methode bereitgestellt, mit der Sie auch ohne Namen gefunden werden. Die Google-Fotosuche[xiii] ermöglicht jedem, der ein Google-Konto besitzt, eine Person anhand eines bekannten Fotos auf allen anderen im Netz verfügbaren Bildern zu suchen.

> ***Schritt 2: Gesichter finden***
> *Wählen Sie im Bereich "Personen" das Gesicht einer Person aus, um sich weitere Fotos von dieser Person anzusehen.*
> *Falls der Bereich "Personen" nicht angezeigt wird, dann ist diese Funktion entweder in Ihrem Land nicht verfügbar oder Sie haben die entsprechende Einstellung deaktiviert.*
> *Aus Google Foto-Hilfe Handbuch*

Die Fotosuche von Google verwendet dabei die von Leonardo da Vinci beschriebenen Proportionen. Hat man ein Foto eines Gesichtes, so kann man aufgrund der Relationen zwischen Augenabstand, Breite und Länge des Gesichts, der Position der Nase, des Verhältnisses der Nasenlänge zum Augenabstand und so weiter mit einer hohen Trefferwahrscheinlichkeit ein Gesicht aus anderen Fotos ermitteln. Durch Bilderkennungsalgorithmen und Hochleistungscomputer ist dies heute so einfach wie die Suche eines Namens in einem Text – und damit wird unsere Privatsphäre um eine weitere Freiheit der Anonymität beraubt.

Identität: Unsere Merkmale

Bedrohung der PRIVATSPHÄRE
Fotos im Netz

- ✓ Vermeiden Sie es Fotos von sich, Freunden oder der Familie auf Sozialen Netzwerken oder Portalen zu veröffentlichen oder diese über Messaging Dienste wie WhatsApp oder Blackberry Messanger zu verbreiten.
- ✓ Deaktivieren Sie die Auto-Synchronisation auf Ihrem Smartphone, welche jedes Foto automatisch als Kopie in der Cloud speichert.
- ✓ Seinen Sie sich bewusst, dass ein Foto, welches einmal ins Internet hochgeladen wurde, nicht mehr gelöscht werden kann.

So einfach, wie Fotos heute zu machen sind, so enorm ist deren Nachteil. Ein Foto ist nur eine zweidimensionale Abbildung eines dreidimensionalen Körpers. Machen wir einen Schnappschuss von der Vorderseite einer Person, so werden wir nicht wissen, wie ihre Rückseite zu diesem Zeitpunkt ausgesehen hat. Sicher eine einfache Methode ist es, mehrere Fotos von der Person zu machen, um alle Seiten abzudecken. Falls Sie schon einmal bei der Hautkrebs-Vorsorge waren, kennen Sie dieses Scenario. Hinstehen und warten – während einiger Minuten macht der Arzt mehrere Fotos von Ihrer Haut. Er vergleicht dann die aktuellen Bilder mit dem Satz der vorherigen Untersuchung und wird alle ersichtlichen Veränderungen genauer unter die Lupe nehmen.

Eigentlich ist es eine naheliegende Überlegung. Man kann mit einer Kamera Fotos aus mehreren Blickwinkeln schiessen, oder man kann dies mit mehreren Kameras gleichzeitig tun. Genau dieses Konzept verfolgt die Firma Botspot[xiv] aus Berlin, welche 3D Full Body Scanner vertreibt. Diese Scanner können innerhalb einer Hundertstelsekunde einen Menschen dreidimensional erfassen und ein digitales Modell von ihm erstellen[xv]. Sicher eine gute Erfindung für die Krebsvorsorge, aber diese Geräte werden auch für andere Anwendungen gebraucht. Outfittery[xvi], ein Online Mode Webshop für den Herrn, setzt 3D Full Body Scanner ein, um den potentiellen Kunden zu digitalisieren und ihm die massgeschneiderten Kleidungsstücke zuzusenden. Auch andere Webshops wie Zalando ver-

Identität: Unsere Merkmale

folgen diese Technologie, primär um die hohen Rücksendequoten zu minimieren.

Diese Technologie mag aus dieser Sicht sinnvoll sein, doch sie birgt eine Reihe von Gefahren für unsere Privatsphäre. Vielleicht ist am Boden der Scanner eine Waage eingebaut? Per Knopfdruck ist unser Body Mass Index errechnet, und jedes Mal, wenn wir uns wieder in eine solche Box stellen, wird die Veränderung sichtbar. Wir haben vielleicht 5 Kilo zu- oder abgenommen, und das 3D-Gitternetzmodell von uns zeigt auch gleich die Zonen, wo wir an Gewicht zugelegt oder es verloren haben. Es ist daher für den Webshop einfach abzuleiten, ob uns die Hose zu weit oder der Büstenhalter zu eng wurde. Verwenden wir solche Dienste, dann verlieren wir die Privatsphäre unseres Körpers gänzlich. Dass wir dies bereits am Security Gate des Flughafens tun, ist spätestens seit der Einführung der Ganzkörper-Scanner eine Realität[xvii].

Bedrohung der Privatsphäre

3D Körper Scanner

- ✓ Vermeiden Sie solche 3D Körper Scanner, da Sie nie wissen, was mit Ihren Daten alles passieren kann.
- ✓ Wenn Sie aus medizinischen Gründen einen solchen Scanner verwenden müssen, klären Sie mit dem Arzt ab, wer diese Daten erhalten wird und zu welchem Zweck.
- ✓ Verwenden Sie Umkleidekabinen und erfreuen sich Ihrer Privatsphäre, wenn Sie sich selbst im Spiegel betrachten.

Identität: Unsere Merkmale

Merkmal: Unsere Bewegung

Ich kann die Bewegung der Himmelskörper berechnen, aber nicht das zuweilen abnorme Verhalten der Menschen.
Sir Isaac Newton

Die einfachste Methode des Menschen, sich zu bewegen, ist das Gehen. Der aufrechte Gang hat uns über Jahrmillionen durch die Evolution zu dem gemacht, was wir heute sind. Vielleicht sind wir uns bewusst, dass wir verfolgbar sind, wenn wir im Auto oder Flugzeug reisen. Wir fahren mit einem Nummernschild an unserem Auto herum oder müssen uns am Flughafengrenzposten mit unseren Fingerabdrücken identifizieren. Nur zu Fuss sind wir noch anonym, können unbemerkt dahin gehen, wo wir wollen.

Fingerabdrücke, Retina- oder Gesichtserkennung haben einen immensen Nachteil. Um diese Daten zu erfassen, müssen sie als Individuum stehenbleiben und dies zulassen. Eine einfachere Art, uns zu identifizieren, ohne uns sogar fragen zu müssen, ist die Gang-Erkennung. Jeder von uns geht und bewegt sich auf seine eigene Weise. Spezialisierte Gang-Erkennungssysteme können mit Daten von Überwachungskameras Personen automatisch verfolgen

Privatsphäre: Gedanken zu einem verlorenen Gut

– wenn es sein muss durch eine ganze Stadt. Der eigentliche Abgleich zwischen Gangart und Identität der Person kann über das Mobiltelefon oder über RFID[xviii] Leser erfolgen, die an U-Bahn-Eingängen oder öffentlichen Gebäuden angebracht sind. Solche Gang-Erkennungssysteme wurden publik, als London im Zuge der Vorbereitung der Olympischen Spiele 2012 die City flächendeckend mit Videokameras überzog[xix].

Irgendwie wurde die Menschheit in den letzten 30 Jahren träge. Als 1984 das Buch von Georg Orwell neu aufgelegt wurde, war die Vision eines „Big Brother"-Anlasses für die Bevölkerung genug, um auf die Strasse zu gehen und gegen Videokameras zu demonstrieren. Eine Rechtfertigung für die flächendeckende Installation von Videokameras ist der Terrorismus, der vom Islamischen Staat oder al-Qaida ausgeht. Tatsächlich waren Terroranschläge in den 70er- und 80er-Jahren in Europa keine Seltenheit. Die Brigade Rosse in Italien, die Rote Armee Fraktion in Deutschland[xx], die IRA in Grossbritannien oder die ETA in Spanien hielten Europa in einem konstanten Terrorbann. Und trotz aller Terroranschläge war der Bevölkerung die Privatsphäre wichtig genug, um gegen Videokameras und den Polizeistaat zu protestieren.

Identität: Unsere Merkmale

Wieso wir dies heute (beinahe) stillschweigend akzeptieren, kann eigentlich nur durch die Transformation der Gesellschaft im Zusammenhang mit der digitalen Revolution der letzten 30 Jahre erklärt werden. Wir sind einfach schon so an die konstante Überwachung adaptiert, dass uns einige zusätzliche Kameras nicht mehr stören. Vielleicht fühlen Sie sich in London sicherer oder lesen Orwells 1984 nochmals und wundern sich dabei, wie wir uns so weit entwickeln konnten, dass wir heute Big Brother lieben und Fernsehserien mit gleichem Namen Millionen von Zuschauern haben.

Problem: Identitäts-Diebstahl

> *„Anonymus: der in der gesamten Literatur am häufigsten vorkommende Autor."*
> *Anonymous*

Es ist schlimm genug, wenn jemand in Ihre Privatsphäre eindringt. Es ist jedoch einiges unangenehmer, wenn jemand gleich ihre Identität annimmt. Zugegeben, in der „realen Welt" ist dies nicht so einfach. Körperbau, Gesicht, Fingerabdrücke, Schrift oder Sprache sind nicht so einfach zu fälschen. Nicht dass es nicht getan werden kann, aber es benötigt einiges an Aufwand. In der virtuellen Welt ist der Identitäts-Diebstahl jedoch einfacher als der Kauf eines Big Mac bei McDonalds – Sie benötigen nicht einmal Geld dafür.

Unzählige Anbieter ermöglichen es, eine E-Mail-Adresse kostenlos einzurichten. Sie können irgendeinen Namen und Adresse eingeben und erhalten die Zugangsdaten für Ihr neues E-Mail-Konto. Auch wenn Sie alle Angaben fälschen, so erhalten sie bei Google, GMX oder Microsoft ein E-Mail-Konto, und das einzige, was Sie damit identifizieren könnte, ist die IP-Adresse. Sind Sie clever und erstellen das Konto nicht zu Hause, sondern beim Internet Café über

Identität: Unsere Merkmale

deren WLAN, dann lässt sich wirklich nur sehr schwer eine Verbindung zu Ihnen herstellen.

Sie haben nun eine E-Mail-Adresse im Namen Ihres Chefs, Ihrer Ex-Freundin oder Ihres Nachbarn. Sie können sich nun ein Konto bei Facebook, Pinterest, Twitter oder sonst einer Social-Media-Plattform reservieren. Ausgerüstet damit, können Sie mit dieser „neuen" Identität tun und lassen, was Sie wollen. Im Internet haben Sie nun den Namen Ihres Chefs oder Ihrer Ex-Freundin und können in deren Namen agieren. Zugegeben, es mag nicht legal sein, aber es wird dennoch täglich gemacht, um Akt-Fotos der Ex-Freundin zu publizieren oder einen Arbeitskollegen zu diffamieren.

Sie fragen sich nun sicher, wie man sich vor solchem Identitäts-Diebstahl schützen kann. Die ehrlichste Antwort ist wohl: gar nicht! Doch es gibt Vorsichtsmassnahmen, die es schwieriger machen, Ihre Identität anzueignen. Eine gute Prävention ist es, bei der Anmeldung auf Social-Media-Plattformen nur sehr geringe Informationen über sich selbst, im jeweiligen Profil, preiszugeben und es nach dem Erstellen dieses Portals nie mehr zu nutzen. Was Sie damit erreichen, ist, dass Ihr Name in Kombination mit Ihrem Wohnort oder Heimatort belegt ist und dies sonst niemand kapern kann.

Bedrohung der Privatsphäre

E-Mail

- ✓ Verifizieren Sie E-Mail-Adressen über andere Kanäle wie Telefon oder SMS.
- ✓ Ein E-Mail mit dem richtigen Namen Ihres Freundes muss nicht von Ihrem Freund stammen.
- ✓ Verwenden Sie Verschlüsselungsdienste (z.B. PGP) für E-Mails mit Ihren Freunden und Familie. Damit können Sie sicher sein, dass niemand Ihre Nachricht liest und der Absender auch der ist, den er vorgibt zu sein.
- ✓ Kaufen Sie sich ein E-Mail-Konto und bleiben Sie fern von kostenlosen Anbietern, bei welchen Sie nicht mit Geld, aber mit Ihrer Privatsphäre bezahlen.

Gegen eine gefälschte E-Mail gibt es leider kein Gegenmittel, und es besteht jederzeit die Gefahr, dass irgendwer etwas in unserem Namen bestellt, einen Vertrag eingeht oder etwas veröffentlicht

Identität: Unsere Merkmale

und wir keine Möglichkeit haben, uns davor zu schützen, solange Webshops ohne digitale Signatur Bestellungen entgegennehmen.

Bedrohung der **PRIVATSPHÄRE** Diebstahl Ihrer Identität auf einer Social Media Plattform

✓ Registrieren Sie sich mit einer eigens dafür erstellten E-Mail-Adresse (verwenden Sie nicht Ihre übliche E-Mail-Adresse).

✓ Geben Sie nicht mehr Informationen preis als notwendig.

✓ Benutzen Sie dieses Portal nicht – Sie haben es nur angelegt, damit niemand sich als Sie ausgeben kann.

✓ Akzeptieren Sie keine Freundschaftsanfragen (auch nicht von Freunden) und hüten Sie sich davor, eine Applikation der entsprechenden Social-Media-Plattform auf Ihrem Smartphone zu installieren.

III. Freiheit: Bewegung mit digitalen Fesseln

"Und sie bewegt sich doch!"
Galileo Galilei, Astronom

Wenn wir an Freiheitsverlust denken, dann haben wir Bilder von Handschellen und Gefängnissen vor Augen. Die Vorstellung, dass wir unsere Freiheit bereits verloren haben, weil jeder von uns mit einer elektronischen Fussfessel namens Smartphone umhergeht, hat sich noch nicht in unseren Köpfen manifestiert. Unser augenblicklicher Aufenthaltsort ist nicht länger ein Geheimnis. Unsere geographische Position wird von Telekommunikationsfirmen, Smartphone- und Automobil-Herstellern abgefragt, von Applikationen- und Social-Media-Diensten gespeichert und publiziert. Wir benutzen Kreditkarten und hinterlassen digitale Spuren mit Loyalitätskarten und berührungsfrei auslesbaren Pässen oder Micro RFID Tags, die in unserer Kleidung[xxi] oder Handtaschen von Herstellern eingearbeitet wurden. Unsere Freiheit, im Sinne von „wir können irgendwo hingehen, ohne dass jemand weiss, wo wir sind", ist eine Illusion aus der Vergangenheit.

Freiheit: Bewegung mit digitalen Fesseln

Wollen wir einen Teil der Freiheit zurückgewinnen, so müssen wir uns bewusst werden, wie unsere Position ermittelt werden kann und für uns entscheiden, wie wir damit umgehen wollen. Auch wenn wir mit Gleichgültigkeit geschlagen sind und uns denken „spielt doch keine Rolle, wenn jemand weiss, wo ich bin", ist es ratsam, darüber nachzudenken, wem unsere Positionsdaten nützen könnten und wie sie zu unserem Vor- und Nachteil verwertet werden können. Zugegeben, wer sieht schon einen Nachteil darin, wenn ein Auto automatisch einen Notruf absetzt, nachdem die Beschleunigungssensoren einen heftigen Aufprall registriert haben, wie es das EU-Gesetz für die Einführung von eCall für Fahrzeuge ab Baujahr 2018 vorschreibt[xxii]? Da nach einem Unfall jede Sekunde über Leben oder Tod entscheidet, kann man durchaus einen Sinn in diesem Gesetz sehen. Zumal ja ebenso geregelt ist, dass die Daten nur im Falle eines Unfalls übermittelt werden dürfen.

Datenschützer stehen dieser Entwicklung trotzdem kritisch gegenüber, da die Transparenz der Hersteller sowie deren Kontrolle fehlen. Die folgenden Beispiele sollen aufzeigen, wie unsere Positionsdaten gesammelt und verarbeitet werden können.

Sie sollen uns dazu dienen, uns darüber Gedanken zu machen, wann wir sichtbar und wann wir unsichtbar sein wollen.

Freiheit: Bewegung mit digitalen Fesseln

Wo bin ich? Die Gefahr durch Positionsdaten

*„Ein Fussgänger ist ein glücklicher Autofahrer,
der einen Parkplatz gefunden hat."*
Joachim Fuchsberger, Entertainer

Bis zur Einführung des Global Positioning Systems (GPS) war es eine Kunst zu wissen, wo man sich gerade genau auf dem Erdball befindet. Diese Kunst wurde über die Jahrtausende durch die Navigatoren perfektioniert, und immer neuere, bessere Hilfsmittel und Geräte wurden entwickelt. Seit der Entwicklung drahtloser Kommunikation durch Tesla und Marconi werden Funksignale zur Bestimmung der Position von Fahrzeugen benutzt. Die Bestimmung einer Position wurde immer einfacher, sie ist heute mit jedem Smartphone oder GPS-Navigationsgerät weltweit verfügbar.

Es ist nicht verwunderlich, dass heute die meisten Apps, welche für Smartphones erstellt werden, Positionsdaten verwenden. Die Positionen werden dabei mittels Triangulation von GSM-Sendemasten oder GPS ermittelt. Die Apps fragen die Positionen des Gerätes ab und benutzen diese direkt für die Applikation, wie zum Beispiel für die Suche von Restaurants in der Nähe oder für das Anzeigen der Position auf einer digitalen Karte.

Viel häufiger jedoch werden diese Daten nicht für die Applikation selber benötigt, sondern direkt an einen Server übermittelt. Sie dienen nur dem Zweck, Ihr Verhalten – beispielsweise ob Sie Autofahren, zu Fuss gehen oder welche Geschäfte Sie aufsuchen – zu dokumentieren. Diese Daten, verknüpft mit Ihrem Suchverhalten im Web, komplettieren Ihr Profil und helfen dabei, Ihr zukünftiges Verhalten vorherzusagen. Solche Applikationen können nützlich sein. Wenn Sie vor einem Modegeschäft stehen, erhalten Sie vielleicht einen Gutschein von der Konkurrenz per E-Mail oder SMS, bevor Sie den Laden betreten.

Es stellt sich nur die Frage, ob wir neben unserer Privatsphäre nicht auch unseren Willen verlieren? Marketing hatte schon immer zum Ziel, unser Verhalten zu verändern und Einfluss auf unsere Entscheidungsfindung zu nehmen. Online-Marketing, das unsere augenblickliche Position abfragen und mit unseren historischen Pfaden abgleichen kann, hat es einfach, uns einen Produktvorschlag zum richtigen Zeitpunkt zu unterbreiten – nämlich dann, wenn wir uns gerade im Entscheidungsprozess befinden.

Neben der Beeinflussung unseres Kaufverhaltens kann das Sammeln unserer Positionsdaten unser Leben deutlich negativer

Freiheit: Bewegung mit digitalen Fesseln

beeinflussen. Stellen wir uns vor, Sie haben eine Reise-App auf Ihr Handy geladen. Sie haben sich ferner mit Ihrer Privatadresse registriert, damit Sie gratis Zusatzinformationen zu Ihrer Wunschdestination einsehen können. Die Applikation fragt Sie weiter nach, ob Sie als Familie, junges Paar oder in einer Gruppe in den Urlaub fahren möchten. Des Weiteren geben sie Ihre Vorliebe für Hotels und Restaurants an oder welche Modemarken Sie bevorzugen. Aufgrund dieser Angaben erhalten Sie Vorschläge für Hotels oder sehen auf der Karte, wo sich der nächste Hugo Boss oder Prada Store befindet. Diese Angaben sind nützlich, und Sie verwenden diese Applikation auch in den Ferien.

Alles gut, denken Sie? Kann sein, kann aber auch nicht sein. Da diese Applikation nicht nur Ihre Positionsdaten, sondern auch Ihr Adressbuch, Ihre E-Mails, SMS oder Bilder an den Server des Applikationen-Herstellers gesendet hat (Erinnern Sie sich: Sie haben all dem zugestimmt, als Sie die App herunterluden), weiss dieser, dass Sie sich im Urlaub befinden, dass aufgrund Ihres Profils wahrscheinlich bei Ihnen etwas zu holen ist. Da in Ihrem Adressbuch kein Eintrag einer Sicherheitsfirma existiert und keiner Ihrer Kontakte in Ihrer unmittelbaren Nähe lebt, war der Einbruch in Ihre Wohnung eine gut geplante Aktion. Die Einbrecher haben über

Privatsphäre: Gedanken zu einem verlorenen Gut

Google Maps Ihre Nachbarschaft virtuell ausgekundschaftet, sie wussten, dass keine Sicherheitsanlage in Ihrer Wohnung eingebaut und die Gefahr, dass irgendeiner Ihrer Freunde sie überraschen würde, gering ist.

Wieso die Einbrecher dies wussten? Weil sie mit keiner E-Mail oder SMS Instruktionen gegeben haben, wie die Pflanzen zu giessen sind oder der Briefkasten zu leeren ist. Unmöglich, denken Sie? Leider nicht. Viele Applikationen werden im Ostblock oder China entwickelt. Die Daten werden gesammelt und über das Darknet an Einbrecherbanden verkauft[xxiii]. Noch einmal: Es gibt keine Gratis-Applikationen für PC oder Smartphones, Sie bezahlen einfach auf andere Art und Weise – vielleicht mit Ihrem Fernseher, Schmuck oder Tafelsilber. Sicher immer mit ihrer Privatsphäre.

Das Wissen, wo Sie sich zu jedem Augenblick befinden, kann auch anderweitig gegen Sie verwendet werden. Nehmen wir einmal an, dass der Hersteller Ihrer neuen Reise-Applikation Ihre SMS gelesen und verfängliche Bilder von Ihnen und Iris, der Verkäuferin im Feinkostladen, heruntergeladen hat. Eine nette E-Mail, welche die SMS-Konversation mit Iris dokumentiert und eine Zahlung von 5000 Euro fordert, ignorieren Sie. Auch die SMS, die Sie daran

Freiheit: Bewegung mit digitalen Fesseln

erinnern soll, dass Sie besser bezahlen sollten, schlagen Sie in den Wind. Wundern sie sich aber bitte nicht, wieso Ihre Frau plötzlich an die Tür von Iris pocht und Sie, in mehr als nur einem Sinn, „mit heruntergelassenen Hosen" dastehen. Wieso Ihre Frau wusste, dass Sie bei Iris waren? Eine nette SMS vom Erpresser mit Adressangabe und Bild war vielleicht der Grund.

Bedrohung der PRIVATSPHÄRE

Aktueller Standort

- ✓ Schalten Sie Ihr Smartphone aus, wenn immer Sie es nicht benötigen. Wenn Ihnen das zu umständlich ist, verwenden Sie den „Flugmodus".
- ✓ Deaktivieren Sie die Ortungsfunktion auf Ihrem Smartphone.
- ✓ Deaktivieren Sie die Ortungsfreigabe für Ihre Applikationen.
- ✓ Verwenden Sie keine Aktivitäts-Armbänder.

Freiheit: Bewegung mit digitalen Fesseln

Bewegungs- und Aktivitätsdaten

„Die Körper wären nicht schön, wenn sie sich nicht bewegten."

Johannes Kepler, Astronom

Aktivitätsarmbänder sind heute sehr in Mode. Diese Armbänder zeichnen alle Bewegungen des Trägers auf. Nach der Übertragung der Daten auf eine Smartphone-App oder dem Hochladen auf eine Webseite kann man seinen Fitnesslevel in Graphiken und Tabellen lesen. Natürlich können auch die Hersteller der Armbänder auf diese Daten zugreifen. Kein Problem, denken Sie? Was meinen Sie dazu, dass sich Ihre Krankenkassenprämien erhöhen, weil Sie ein halbes Jahr lang keine Zeit für den Gang ins Fitnessstudio hatten.

Besitzen Sie kein Aktivitätsarmband, und Sie meinen, Sie seien somit sicher? Eigentlich nicht. Wie von der Krankenkasse empfohlen, haben Sie deren neue App heruntergeladen, weil es so viel einfacher ist, Ihre Arztrechnungen zurückzufordern. Einfach Arztrechnung mit der Smartphone-App fotografieren, und das Geld wird Ihnen gutgeschrieben. Eigentlich eine gute Sache, wenn die Krankenkasse nicht auch Ihren Aktivitätsspeicher Ihres Smartphones auslesen würde. Dieselbe Funktionalität eines Aktivitätsbandes ist auch in jedem modernen Smartphone verbaut, und somit liefern sie

Ihrer Krankenkasse Informationen über sich, die Sie vielleicht lieber nicht preisgäben. Übrigens: Wahrscheinlich speichert die Krankenkasse auch Ihre Positionsdaten, womit Sie genau weiss, wie oft Sie in der Bar, im Fitnessstudio oder am Spazieren mit Ihrem Hund waren. All diese Informationen liefern Sie der Krankenkasse frei Haus – bloss weil es einfacher ist, eine Arztrechnung einzufordern.

Ich bezweifle, dass die gesparten Briefmarken die Prämiensteigerung wettmachen wird. Aber Sie haben ja die Applikation heruntergeladen und den Allgemeinen Geschäftsbedingungen zugestimmt.

Freiheit: Bewegung mit digitalen Fesseln

Bedrohung
der PRIVATSPHÄRE

Erfassen Bewegungs- und Aktivitätsdaten

✓ Benutzen Sie keine Aktivity-Armbänder – Sie wissen auch ohne, ob Sie sich genug bewegt haben.

✓ Deaktivieren Sie den Bewegungsrekorder auf Ihrem Smartphone.

✓ Verwenden Sie keine Smartphone Applikation Ihrer Krankenkasse oder Ihres Fitnessstudios.

✓ Verwenden Sie keine Bewegungs- oder Schlafrekorder-Applikationen auf Ihrem Smartphone.

Freie Fahrt im Auto

> *„Wo der Bürger keine Stimme hat,*
> *haben die Wände Ohren."*
> *Jeannine Luczak, Aphoristikerin*

Wir lieben alle die Privatsphäre unseres Autos. Kein Vergleich zu den muffigen Pendlerzügen oder den Sardinenbüchsen, welche öffentliche Busse genannt werden. Unser Wagen vermittelt uns Freiheit (oder zumindest denken wir uns dies gern) und erlaubt uns, dorthin zu fahren, wo und wann wir wollen. Auch wenn heute selbstfahrende Autos entwickelt werden, wird das Auto zumindest für die nächsten Dekaden das bevorzugte Individual-Transportmittel bleiben. Dennoch wird unsere Freiheit im Auto von Tag zu Tag mehr beschnitten.

Längst vergangen sind die Zeiten, als die Rennabteilung von Ford auf Englands Motorways noch ihren neuen GT40-Sportwagen für Le Mans testete. Seit 1965 wurden immer und immer wieder Neuerungen oder Auflagen für den Bau und den Verkehrsbetrieb von Autos erlassen. Während die meisten gesetzlichen Auflagen die Sicherheit der Fahrzeuginsassen, die Fussgänger und ökologische

Freiheit: Bewegung mit digitalen Fesseln

Aspekte betrafen, so waren für die Automobil-Industrie wirtschaftliche Faktoren für die Entwicklung und Produktion vorrangig.

Die Automobil-Industrie wurde in den 1970er-Jahren mehrfach „durchgeschüttelt". Die Ölkrisen gaben den Anlass zur Entwicklung von treibstoffeffizienteren Motoren. Die hohe Zahl der Todesopfer durch Automobilunfälle sowie offensichtliche Produktionsmängel riefen die Politiker aufs Parkett. Die Forderung nach sichereren, besseren Wagen wurde laut. Die Automobil-Industrie war gefordert.

Der Aufstieg der Mikroprozessor-Technologie kam auch den Automobil-Herstellern zugut. Automatisierte Produktionstrassen fanden Einzug, um die Qualität und Produktivität zu steigern. Die effizienteren Triebwerke wurden im Wesentlichen durch die Abkehr von mechanischer zu elektronisch geregelter Treibstoffeinspritzung erzielt. Die dabei verwendete Elektronik ist ein Bordcomputer (ECU), der über Gasstellung und Luftmenge die richtige Menge an einzuspritzendem Treibstoff errechnet.

Dieser Computer übernahm in den letzten 30 Jahren stetig mehr Aufgaben. Neben der eigentlichen Funktion der Motorsteuerung übernimmt er heute die Steuerung der Klimaanlage, des ABS, des Ladedrucks und der Airbags. Mit den Steuerungsaufgaben wurden auch die Funktionen der On-Board-Diagnose (OBD) ausgebaut, um die Einhaltung der Abgaswerte zu dokumentieren und die Entwicklung der Autos kontinuierlich voranzutreiben. Die dabei erhobenen Daten werden lokal auf dem Bordcomputer gespeichert und können über den OBD-Stecker abgefragt werden.

Mit der Verbreitung von leistungsstarken Mobilfunknetzwerken sind die Hersteller dazu übergegangen, die OBD-Daten ihrer verkauften Automobile online abzufragen. Diese Daten umfassen im Wesentlichen alle Steuergrössen des Motors, des Bremssystems und Getriebes, die Anzahl der Insassen im Auto sowie die GPS-Positions- und Beschleunigungsdaten. Der Hersteller kann somit zu jedem Zeitpunkt den Status, die Besetzung und den Standort eines einzelnen Fahrzeugs ermitteln. Diese Daten werden unter anderem dazu verwendet, automatisch einen Notruf abzusetzen, wenn der Airbag auslösen sollte oder dazu, dass der Autohersteller eine Statistik erstellen kann, wie oft ihr Fahrzeugmodell im Durchschnitt mit wie vielen Passagieren unterwegs ist. Diese Daten werden kontinuierlich gespeichert, und mindestens die letzten 20 Minuten der Fahrt sind jederzeit abrufbar.

Freiheit: Bewegung mit digitalen Fesseln

Es ist kein Geheimnis, dass Behörden bei der Strafverfolgung auf solche Daten zurückgreifen. Die Polizei hat über die Jahre technisch aufgerüstet. Radarfallen und eingelassene Schleifen in der Fahrbahn, Mautbrücken gespickt mit Sensoren und Videokameras erlauben heute die automatische Verfolgung von Fahrzeugen entlang den Hauptverkehrsachsen und in den Ballungsgebieten. Für die Verfolgung eines Autos benötigt es keine Satelliten wie in CSI Miami, dafür reichen die Videokameras, welche den Autobahnen entlang oder in den Cities verbaut sind.

Sie fragen sich nun bestimmt, was das alles mit Crashrecordern und Privatsphärenschutz zu tun hat? Einfach zu beantworten: Autos, die nach der Jahrtausendwende gebaut wurden, haben eine On Board-Diagnostik verbaut. Je teurer Ihr Auto, desto mehr Parameter werden gespeichert und sind vom Hersteller, Ihrer Garage oder der Polizei abrufbar. Fahren Sie einen Tesla, so können Sie damit rechnen, dass jede Ihrer Bewegungen von der Tesla Fabrik aus verfolgt wird.

Spielt dies eine Rolle? Kommt auf Ihre Bedürfnisse an. Wenn es Ihnen egal ist, dass man weiss, wohin Sie unterwegs sind, dann spielt es keine Rolle. Wenn nicht, dann verkaufen Sie besser Ihren

BMW, Audi, Mercedes, Tesla, Ford oder GM und suchen sich im Internet ein Fahrzeug, das keinen Bordcomputer hat und Ihnen erlaubt, abseits der Strassen zu fahren, wie zum Beispiel einen Land Rover oder Jeep aus den 1970er-Jahren.

Übrigens müssen Sie sich über Ihr Auto keine Gedanken machen, falls Sie mit ihrem Smartphone unterwegs sind. Längst werden die Smartphones nach einem Unfall von der Polizei eingezogen[xxiv]. Nicht nur um herausfinden, ob Sie vor dem Unfall Ihre SMS, E-Mails und WhatsApp-Nachrichten abgerufen oder auf dem Internet einen Porno angeschaut haben. Sondern weil die Beschleunigungs- und Positionsdaten Ihres Smartphones eine präzise Rekonstruktion des Unfalls zulassen. Ich weiss, die Zeit auf der Autobahn ist ideal, um Anrufe zu tätigen. Aber wenn Sie sich schützen möchten, dann schalten Sie Ihr Smartphone aus, bevor Sie ins Auto steigen. Nicht praktisch, sagen Sie? Ja, Sie haben Recht, aber sehr effizient, um Ihre Privatsphäre zu schützen!

Freiheit: Bewegung mit digitalen Fesseln

Bedrohung

der **PRIVATSPHÄRE**

Aufzeichnung der Autofahrt

- ✓ Vermeiden Sie Autobahnen und Schnellstrassen.
- ✓ Schalten Sie ihr Smartphone aus, wenn Sie Auto fahren.
- ✓ Verwenden Sie ein Mietauto, welches nur über Umwege auf Sie zurückgeführt werden kann.
- ✓ Verwenden Sie kein Mittelklassewagen und kein Auto aus dem Luxus-Segment. Solche Autos haben GPS-Sensor und Fabrik-SIM-Karte fest verbaut oder verwenden Sie ein Auto, welches mehr als 15 Jahre alt ist.

Privatsphäre: Gedanken zu einem verlorenen Gut

Airliner oder Business Jet?

„Luftpiraten sind Passagiere, die Flugzeuge erst unterwegs chartern."
Danny Kaye, Schauspieler

Jeder, der nach den Anschlägen auf die Twin Towers in New York am 11 September 2001 mit einer Fluggesellschaft geflogen ist, kennt die Prozedur. Vor dem Abflug müssen persönliche Daten wie Name, Adresse, Telefonnummer und Passnummer auf der Webseite der Fluggesellschaft eingegeben werden. Am Airport eingetroffen, muss man durch die Sicherheitsschleuse, muss sich der Schuhe und Jacke entledigen und diese mit dem kleinen Sack für Toilettenartikel auf das Förderband legen. Das Laptop oder Tablet ist aus der Tasche zu nehmen und getrennt in einen der bereitliegenden Plastikbehälter zu legen, damit auch diese durch die Röntgenmaschine laufen können. So vorbereitet dürfen wir durch den Metalldetektor schreiten oder uns gleich in den Glaskasten des Ganzkörper-Scanners begeben. Einmal im Terminal angekommen, ist jedes Shopping-Vergnügen von einem Scan-Vorgang des Boarding Passes begleitet.

Freiheit: Bewegung mit digitalen Fesseln

Wollen Sie die rigorosen Sicherheitskontrollen in den Flughäfen umgehen, dann könnten Sie beschliessen, im Business Jet zu fliegen oder gleich einen zu kaufen. Wenn Sie die nötigen finanziellen Mittel aufbringen können, dann haben Sie vielleicht auch Vorlieben und kaufen sich einen neuen Business Jet, lackiert in Ihren Lieblingsfarben und mit dem bevorzugten Innendekor. Ihre Crew kennt Sie und macht Ihnen das Reisen angenehm. Die lästigen Security-Checks im Terminal weichen einfacheren Kontrollen im Gebäude der General Aviation. Sie sparen Zeit, weil Sie nicht mehr in der Abflughalle warten müssen und sparen sich den Weg vom Parkhaus zum Flugzeug. Zudem sind Sie der Meinung, dass Sie inkognito reisen, weil man kein Flugticket in Ihrem Namen ausgestellt hat.

Viele Überlegungen sind richtig mit der Ausnahme, dass Sie direkt mit Ihrem Jet in Verbindung gebracht werden können und Ihre Piloten je nach Destination dennoch Ihren Namen kundtun müssen. Vielleicht haben Sie ein Modell Ihres Flugzeugs im Büro stehen? Oder die Bodencrew hat auf dem Flugplatz, wo Ihr Flieger im Hangar steht, Fotos von diesem ins Netz gestellt? So oder so, es ist nicht so schwierig herauszufinden, wem ein Flugzeug gehört. Und noch einfacher ist es herauszufinden, welche Routen Sie gewählt und mit Ihrem Flugzeug absolviert haben. Aufgrund der auffälligen Lackie-

Privatsphäre: Gedanken zu einem verlorenen Gut

rung Ihres Fliegers können Sie davon ausgehen, dass an fast jedem Flughafen sogenannte Plane Spotter einige Fotos von Ihrem stationierten oder zwischengelandeten Flieger schiessen werden. Diese werden mit Angabe von Ort und Zeit auf einer Vielzahl von spezialisierten Webseiten veröffentlicht[xxv]. Falls jemand nicht warten kann, bis ein Plane Spotter Ihr Flugzeug im Internet publiziert, kann er sich der Air Traffic Control Homepages bedienen[xxvi]. Diese Webseiten zeigen den Luftraum und alle aktuellen Flugbegegnungen mit Airline-Nummer oder Flugzeug-Registrationsnummer. Des Weiteren werden Abflug und Zielort sowie die aktuelle Flughöhe und Geschwindigkeit angegeben. Falls Sie sich je gefragt haben, wieso die Paparazzi zur rechten Zeit am richtigen Ort sind, damit sie Promis in flagranti ertappen, dann kennen Sie jetzt den Grund.

Sicher ist Ihre Privatsphäre im Business Jet besser geschützt als in der Business Class einer x-beliebigen Airline. Der einfachere Security Check vor dem Besteigen des Flugzeugs ist sicher ein Punkt, der für die Privatsphäre spricht. Den eigenen Business Jet zu besitzen, ist jedoch kein Vorteil, sondern eher ein Nachteil, wenn es um Ihre Privatsphäre geht, sprich um die Verfolgbarkeit Ihrer Flugbewegungen. Mieten Sie einen Business Jet, können Sie die Vorzüge des schnellen Security Check-Ins und die Möglichkeit einer

Freiheit: Bewegung mit digitalen Fesseln

Landung auf kleineren und weniger frequentierten Flugplätzen geniessen. Die einfachste Weise, sich zu verstecken, ist es, in der Masse unterzugehen – selbst wenn es nur die Masse der Kunden eines grösseren Business Jet Fleet Operators sind.

Zu guter Letzt stellen Sie sich die Frage, ob Sie wirklich fliegen oder am Boden reisen müssen. Eine Alternative kann auch sein, dass Sie dank einer Videokonferenz daheim bleiben dürfen. Wenn Sie eine Video-Dienstleistung der Telekom oder sonst eines seriösen Anbieters auswählen, die alle Gesprächs- und Videodaten verschlüsseln, dann fällt die Notwendigkeit einer Flugreise weg.

Bedrohung der Privatsphäre

Verfolgung des Reiseverhaltens

- ✓ Fliegen Sie mit einem Linienflug nie an Ihre Zieldestination, sondern nur in die Nähe.
- ✓ Mieten Sie einen Flieger bei einem grösseren Business Jet Fleet Operator.
- ✓ Belassen Sie Ihren Flieger in der Standard-Lackierung und suchen Sie sich einen Operator, der den Flieger auch für andere Kunden verwendet.
- ✓ Wollen Sie unbemerkt reisen, dann verwenden Sie Regional- und Vororts-Pendlerzüge ohne Sitzreservation oder fahren Sie auf Neben- und Landstrassen mit einem Mietauto.

Freiheit: Bewegung mit digitalen Fesseln

Bargeldlos zahlen

*„Wenn man kein Geld hat,
denkt man immer an Geld.
Wenn man Geld hat,
denkt man nur noch an Geld."
Jean Paul Getty, amerikanischer Ölmagnat*

Vor rund 130 Jahren entstand in den USA die erste Kreditkarte. Seit diesem Zeitpunkt ermöglichen uns Karten, die von Banken, Einkaufshäusern, Mineralölfirmen oder Kreditinstituten herausgegeben werden, bargeldlos einzukaufen, zu essen oder unser Auto zu betanken. Der Ersatz von Banknoten und Münzen mit sogenanntem Plastikgeld war in der Vergangenheit getrieben von der Idee, mit Krediten das Konsumverhalten der Benutzer positiv zu beeinflussen. Heute sind Kreditkarten nichts mehr Aussergewöhnliches.

Neue Zahlungsmittel revolutionieren unser Kaufverhalten. Zahlen mit berührungsfreien Kreditkarten oder mit dem Smartphone ist heute en vogue und in aller Munde. Wirtschaftswissenschaftler sprechen von den Vorzügen einer Bargeldlosen-Gesellschaft[xxvii], weil diese von der Nationalbank besser gesteuert werden kann, der Einzelne sein Geld nur ausgeben oder anlegen kann. Politiker preisen den Vorteil einer Bargeldlosen-Gesellschaft, weil Schwarzgeld nicht mehr existiert. Jugendliche finden es schlichtweg cool, mit dem Smartphone alles tun und lassen zu können. Und zu guter Letzt lieben Firmen die Möglichkeit, den einzelnen Kunden bis ins letzte Detail zu kennen. Zu wissen, was, wann, wo, wie oft und mit welchen anderen Produkten zusammen wir unsere Einkäufe tätigen. In welchen Restaurants wir essen. Welche Kleider wir kaufen und welche Reisen wir tätigen. Mit bargeldlosen Einkäufen verlieren wir unsere Anonymität. Wir bezahlen mit unserem Namen und werden verfolgbar. Unsere nächsten Schritte, Einkäufe oder Reisen sind vorhersehbar.

Der Verlust der Anonymität beim Bezahlen ist ein Verlust unserer Privatsphäre. Werden unsere Einkäufe, Vorlieben und Reisen mit unserem Surfverhalten im Internet, in Sozialen Medien oder direkt mit unseren Telefonanrufen, SMS, E-Mails oder unseren privaten Notizen auf dem Smartphone abgeglichen, so entsteht ein sehr detailliertes Bild von uns. Dessen sind wir uns gegebenenfalls nicht einmal selbst bewusst.

Möchte man seine kleinen Einkaufsgeheimnisse bewahren und seine Privatsphäre schützen, so bestehen neben Bargeld nicht viele Möglichkeiten. Einwegkarten oder wieder aufladbare Kreditkarten

Freiheit: Bewegung mit digitalen Fesseln

bieten einen gewissen Schutz. Auch wenn die Gebühren hoch sein können, kann uns der Einsatz einer solchen Karte zumindest bei Einkäufen im Netz eine gewisse Sicherheit bezüglich Kreditkarten-Missbrauch bieten, da die Karte nur bis zu einem von uns bestimmten Betrag verwendet werden kann. Abhängig vom Anbieter von Einweg-Kreditkarten ist nicht mal eine Registration notwendig und stellt daher einen brauchbaren Ersatz von Bargeld dar. Es empfiehlt sich daher immer, eine oder zwei solcher Karten auf Reisen mitzuführen oder diese für Online-Einkäufe bei kleineren Web-Shops ohne Gütesiegel zu benutzen.

Im Jahr 2002 wurde der Hollywoodfilm „Minority Report" veröffentlicht. Aufgrund eines Orakels – drei Damen in einem Wasserbassin – werden Personen von der Pre Crime Division verhaftet, bevor sie ein vermeintliches Verbrechen verüben. Auch wenn dies ein Science Fiction Movie ist, ist diese ferne Realität nicht mehr so weit von uns entfernt. Daten, die über uns via PC, Smartphone und Kreditkarten gesammelt werden, lassen sich zu einem Profil verarbeiten. Daraus kann unser zukünftiges Verhalten abgeleitet werden. Wenn heute Terroristen aufgrund nachrichtendienstlicher Ermittlungen gefasst werden, kamen ähnliche Methoden zur Anwendung.

Privatsphäre: Gedanken zu einem verlorenen Gut

Für uns „Otto Normalverbraucher" ist der Zusammenhang zwischen den Daten, welche über uns gesammelt werden und die möglichen Schlussfolgerungen und Handlungen von Dritten, die Zugang zu diesen Daten haben, nicht bewusst. Wer von uns denkt schon daran, dass *„wir verwenden Ihre Daten, um mit unseren Partnern neue Produkte für Sie zu entwickeln"*, auch heissen kann, wir arbeiten mit Ihrer Krankenkasse zusammen, um unser Risiko mit Ihnen besser einzuschätzen. Wir können uns ebenso nicht vorstellen, dass unsere Krankenkassenprämie ansteigt, weil wir regelmässig Zigaretten kaufen und Abend für Abend unser Bier in der Kneipe trinken und dies die Krankenkasse weiss, weil diese unsere Kreditkartennutzung analysiert.

Ring! Ring! Wachen wir auf! All dies ist technisch machbar und wird gemacht, und dies ist so sicher, wie es möglich war, die Atombombe zu entwickeln. Möglichkeit wird Realität. Vielleicht durch eine Firma, durch den Staat oder durch eine kriminelle Organisation. Sie können jedoch sicher sein: Es ist oder wird Realität.

Freiheit: Bewegung mit digitalen Fesseln

Bedrohung

der **PRIVATSPHÄRE**

Verfolgung des Einkaufverhaltens

- ✓ Benutzen Sie keine Kreditkarten und verwenden Sie Bargeld wenn immer möglich.
- ✓ Treten Sie keinem Kundenbindungs- oder Vielfliegerprogramm bei.
- ✓ Verwenden Sie kein „berührungsloses" Bezahlen via RFID in Ihrer Bankkarte.
- ✓ Verwenden Sie kein Smartphone, um Zahlungen auszuführen.
- ✓ Benutzen Sie Einweg- oder aufladbare Kreditkarten für Einkäufe im Internet.

IV. Unserer Angreifer: Ihre Methoden

„Wer nicht neugierig ist, erfährt nichts."
Johann Wolfgang von Goethe

Es ist vielleicht ein wenig überzogen, Firmen, die uns ein Produkt oder eine Dienstleistung anbieten, als Angreifer zu klassifizieren. Andererseits verwenden Kriminelle und staatliche Behörden dieselben Methoden, um an unsere Geheimnisse zu kommen. Man kann diese in drei Gruppen unterteilen: Passive und aktive Methoden der Datenbeschaffung sowie die gezielte Methode der Verarbeitung persönlicher Daten, das Profiling. Diese Methoden dienen dazu, Informationen aller Art über uns zu sammeln und auszuwerten mit dem Ziel, unser Verhalten zu erfahren, zu beeinflussen und vorherzusagen.

Die hier näher beleuchteten Methoden – Marketing für die passive und Social Engineering für die aktive Datenbeschaffung sowie Profiling für die gezielte Verarbeitung von persönlichen Daten – stehen stellvertretend für eine Vielzahl anderer Methoden. Diese dienen nur dazu, uns unsere Geheimnisse zu entlocken und unser Verhalten zugunsten Dritter positiv zu verändern.

Unserer Angreifer: Ihre Methoden

Marketing

> *„Wer auf andere Leute wirken will, der muss erst einmal in ihrer Sprache mit ihnen reden."*
> Kurt Tucholsky

Marketing wird im Allgemeinen als eine operative Technik zur Beeinflussung des Kaufentscheides des Kunden verstanden. Es geht beim Marketing nicht um ein einzelnes Produkt, sondern um die Gesamtheit der Produktelinien und um Produkte, die strategisch so platziert werden, dass der Kunde sie kauft. Die Werbung ist dabei ein Teil einer Marketingstrategie, die sich auf einzelne Produkte bezieht. Einfach ausgedrückt stellt Marketing sicher, dass ein Kunde, der sich aufgrund von Werbung für ein Produkt interessiert, dieses kauft und/oder sich für ein anderes, zusätzlich angebotenes Produkt entscheidet. Category Management ist hierfür in der realen wie auch in der virtuellen Welt eine oft angewandte Technik[xxviii].

Es geht dabei um die Präsentation und das Angebot eines Produkts im Kontext anderer Produkte, die zu diesem Produkt passen. Dass es dabei darum geht, dem Kunden ein Gefühl oder eine Idee zu suggerieren, die zum Kauf verleitet, liegt auf der Hand. Wenn wir im Supermarkt einkaufen, gehört es daher zur Marketingstrate-

Privatsphäre: Gedanken zu einem verlorenen Gut

gie, dass Rohschinken und Sauce Hollandaise gleich neben den Spargeln liegen oder uns zu den online gekauften Skiern noch die modische Skibrille angeboten wird. Im Internet sind die Google Ads die Umsetzung von Category Management in der virtuellen Welt. Wir suchen etwas auf einer Homepage oder im Webshop und erhalten die gesuchte Information eingebettet in Google Ads, die Produkte anderer Anbieter bewerben.

Marketing und Werbung sind keine Erfindungen der letzten paar Jahre. Lange vor dem Internet wurden Produkte auf dem Markt beworben oder Strategien für die Verkaufsförderung entwickelt. Die Entwicklung neuer Medien hat jedoch – angefangen bei Zeitschriften über Radio und Fernsehen bis hin zum World Wide Web – jedes Mal einen deutlichen Entwicklungsschub beim Marketing und bei der Werbung bewirkt. Ohnehin gehören Marketingstrategen zu einer der innovativsten Berufsgruppen, die es verstehen, neue Technologien für sich zu nutzen. So wurde 1910 der erste kommerzielle Flug bereits als Werbung für den *Morehouse Martens Department Store*[xxix] genutzt.

Es ist daher nicht verwunderlich, dass Marketingstrategen schon früh das World Wide Web für sich entdeckt haben. Es ging dabei

Unserer Angreifer: Ihre Methoden

nicht einmal primär um das Sammeln von Kundendaten, die bereits über Kundenkarten und elektronische Registrierkassen ab Mitte der 1950er-Jahre zur Verfügung standen und mithilfe von Methoden wie Database Marketing verarbeitet wurden, sondern um die Möglichkeit, schnell und interaktiv Produkte und Produktvariationen mit einer Vielzahl von Personen zu testen. Ungleich der traditionellen Umfragen, bei welchen Personen über ein Produkt ausgefragt wurden, sind Web-Benutzer direkter und weniger voreingenommen, da sie nicht Fragen beantworten, sondern durch ihr Verhalten im Netz die Fragen der Marketingstrategen selbst beantworten. Durch die Verwendung von Marketing-IDs, eines eindeutig zerreissbaren und verfolgbaren Identifikations-Codes, kann nicht nur eine Momentaufnahme gemacht, sondern der einzelne Web-Benutzer auch über die Zeit verfolgt werden. Auf diese Weise erfasste Daten ergeben aussagekräftigere Resultate und bilden die Grunddaten für die Erstellung eines Profils.

Bedrohung der PRIVATSPHÄRE

Zugeschnittene Werbung

✓ Verwenden Sie keine Apps, wenn Sie sich informieren wollen. Es ist immer sicherer, eine Website aufzurufen als eine App zu installieren.

✓ Schalten Sie Ihre Werbe-ID auf Ihrem Smartphone aus.

✓ Deaktivieren Sie Cookies auf Ihrem PC und Smartphone Browser.

✓ Konfigurieren Sie Ihren Browser auf jene Weise, dass alle Daten und temporäre Dateien nach dem Schliessen des Browsers automatisch gelöscht werden.

Unserer Angreifer: Ihre Methoden

Social Engineering

*„Eine Beziehung wird vorwärts gelebt
und rückwärts verstanden"
Kenneth Branagh, Schauspieler*

Kennen Sie das Gefühl, dass sich in Ihnen ausbreitet, nachdem Ihre Freundin Ihnen mitgeteilt hat, dass sie Ihre Adresse einer Kollegin weitergegeben hat, weil diese Ihren Einkaufstipp toll finden oder mit Ihnen in die Ferien fahren wollen? Es ist das kurzfristige Gefühl, einen Mord begehen zu können. Es sind Situationen, in denen sich unsere Freunde, Familienangehörige, Arbeitskollegen oder Klubmitglieder gut gemeint über unsere Privatsphäre hinwegsetzen und unsere Adresse, Telefonnummern und E-Mail-Adressen herausgeben.

Unsere Privatsphäre vermag jedoch noch vielmehr Schaden zu nehmen, wenn es jemand darauf anlegt, Ihr Umfeld auszuhorchen. Der einfachste Weg, dies zu bewerkstelligen, ist, mit anscheinend vertraulichen Informationen über Sie oder Ihre Familie und Freunde das Vertrauen zu sichern. Ist dies einmal hergestellt und der Angreifer Teil ihres „inneren Zirkels", wird er nur schon durch das Zuhören von Gesprächen viel über Sie in Erfahrung bringen.

Privatsphäre: Gedanken zu einem verlorenen Gut

Bedrohung der PRIVATSPHÄRE

Unachtsames Umfeld

- ✓ Gehen Sie mit gutem Beispiel voran: Geben Sie keine Daten über Ihr Umfeld an Dritte heraus, weder in Wort, Schrift oder Bild.
- ✓ Klären Sie Ihr Umfeld darüber auf, dass Sie es nicht mögen, wenn Ihre Daten an Dritte ausgehändigt werden.
- ✓ Stellen Sie sicher, dass Ihr Umfeld bei Ihnen nachfragt und nicht Angst davor hat, dass Sie ungehalten sein könnten.

Die Kunst, private oder geheime Informationen durch eine persönliche, bewusst aufgebaute Beziehung zu extrahieren, nennt man Social Engineering[xxx]. Es geht dabei nicht nur um die Beziehung mit der ausgefragten Person, sondern auch um alle Beziehungen,

Unserer Angreifer: Ihre Methoden

die diese Person hat und eine beeindruckende Wirkung auf sie haben könnten. Wie etwa Ihr Chef, Ihre Freunde oder Kolleginnen. Das mit einer Person aufgebaute Vertrauen hat oft mit Leuten zu tun, vor der diese Respekt oder gar Angst hat.

Die klassische Methode, eine Sekretärin einzuschüchtern, ist, ihr zu sagen, dass ihr Boss genau dies gesagt hat. Sie ist im Dilemma, ob sie Ihnen glauben oder ihren Boss fragen soll, ob er dies gesagt habe. Hat die Sekretärin Angst vor ihrem Boss, haben Sie gute Chancen, alles von ihr zu erfahren, was Sie möchten. Weil die Angst vor ihrem Boss grösser ist als die Angst, Ihnen etwas zu sagen, was sie nicht sagen sollte.

Tagtäglich wird Social Engineering gebraucht, um Personen dahingehend zu nötigen, etwas zu tun, nur um dem Unmut eines Vorgesetzten, Lebenspartners oder Familienmitglieds zu entgehen. Es ist daher notwendig, dass jeder von uns – vorausgesetzt Sie lieben Ihre Privatsphäre – mit seinem Umfeld spricht und es auf solche Fischzüge vorbereitet. Sprechen Sie die Problematik an und stellen Sie sicher, dass es nie ein Problem ist, bei Ihnen nachzufragen, ob jemand Informationen über Sie herausgeben darf. Nur durch Sensibilisierung Ihres Umfelds können Sie Ihre Privatsphäre schützen.

Privatsphäre: Gedanken zu einem verlorenen Gut

Wenn Sie eine leitende Stellung in einem Unternehmen haben, informieren Sie Ihre Mitarbeiter, auf welche Art und Weise Sie mit ihnen kommunizieren, und etablieren Sie ein Vertrauen, das auf einem gesunden Misstrauen basiert. Es liegt an Ihnen, Ihr Umfeld (Freunde, Familie, Mitarbeiter, Angestellte) dahingehend zu mobilisieren, dass Ihre Privatsphäre auch ihr eigenes Interesse wird.

Social Engineering ist aber nicht nur ein Problem für unser Umfeld. Wir selbst können, ohne es wahrzunehmen, Opfer einer Social Engineering-Attacke werden[xxxi]. Sie kennen die Situation: Eine Person mit Blindenstock und dunkler Sonnenbrille tastet sich zu einer Tür. Aufgrund unserer Erziehung werden wir der Person zu Hilfe eilen und ihr die Tür aufhalten. Wir werden sogar den Schlüssel hervorziehen und die Tür aufsperren, weil wir vermuten, dass die blinde Person auch das Recht hat, durch diese Tür zu gehen. Unsere Erziehung bringt das Muster „Blind = keine Gefahr" hervor, und wir werden unvorsichtig.

Ein weiteres Beispiel, bei dem unsere Erziehung und Erfahrung uns einen Streich spielt, ist, ein angemeldeter Besuch. Es kann ein Handwerker, Versicherungsvertreter oder der Vermieter der Wohnung sein. Ob die Anmeldung schriftlich oder telefonisch erfolgte, spielt dabei nur eine untergeordnete Rolle, denn durch sie wird unsere innere Wachsamkeit beruhigt. Wer macht schon einen Kontrollanruf bei der Firma des angekündigten Besuchers?

Ist der Besucher eingetroffen und stellt Fragen, oder er handelt wie wir es von ihm erwarten, wird unsere innere Wachsamkeit zusätzlich beruhigt und geht ganz verloren, falls uns der Besucher obendrein sympathisch erscheint. Dies kann sein, weil der Handwerker den Boden kehrt, nachdem er seine Arbeit verrichtet hat, oder weil der Versicherungsvertreter den Einrichtungsstil der Wohnung lobt. Zu diesem Zeitpunkt sind wir am verletzlichsten. Unsere innere Wachsamkeit ist beruhigt und der Besucher als ungefährlich eingestuft. Wenn der Besucher nun im Zuge eines angebotenen Kaffees Fragen zu stellen beginnt, die eigentlich nichts mit dem Grund seines Besuchs zu tun haben, dann ist die Chance gross, dass wir diese beantworten werden. Falls der Besucher klug war und seinen Besuch für eine Stunde angekündigt hat, nach einer halben Stunde mit seiner Arbeit (Grund des Besuchs) jedoch fertig ist, dann hat er mindestens zehn Minuten Zeit, uns auszuhorchen, bevor wir misstrauisch werden. Wir haben uns ja schon im Vorfeld auf einen Besuch von einer Stunde eingestellt.

Bedrohung

der PRIVATSPHÄRE

Besucher, Handwerker, Vertreter

- ✓ Bei jeder Entscheidung analysieren Sie, welche Annahmen Sie getroffen haben. Eine Person, die im Rollstuhl sitzt, muss nicht unbedingt gelähmt sein.
- ✓ Machen Sie zwingend einen Kontrollanruf, wenn die angekündigte Person durch eine andere ersetzt wurde.
- ✓ Seien Sie misstrauisch, wenn Fragen gestellt werden, die nichts mit dem Grund des Besuchs zu tun haben.
- ✓ Geben Sie keine Passwörter heraus, an niemanden. Kein seriöser Anbieter oder Systemadministrator wird Sie je danach fragen.
- ✓ Seien Sie vorsichtig am Telefon oder in belanglosen Konversationen.

Unserer Angreifer: Ihre Methoden

Profiling

> *„Den Charakter kann man auch aus den
> kleinsten Handlungen erkennen."*
> *Seneca, Römischer Philosoph*

Profiling ist der Prozess, Informationen über jemanden zu lernen, basierend auf dem, was bereits bekannt ist. Es ist daher die Kunst, aus wenigen Informationen über eine Person mittels eines gedanklichen Gerüstes neue Informationen zu sichten, zu prüfen und wie in einem Puzzle in ein Profil einzubinden. Der Erfolg von Profiling ist direkt von der Zeit und Arbeit abhängig, die in die Erstellung eines Profils eingeht. Der erste Stritt bei der Erstellung eines Profils ist immer die Sichtung aller verfügbaren Informationen. Es ist dabei wichtig, gesicherte Daten von Vermutungen oder Aussagen Dritter zu trennen. Es wird dabei versucht, die Informationen über die observierte Person in verschiedene Ebenen oder Zwiebelschalen einzusortieren.

Die äusserste Schale ist dabei die Ebene, die frei zugänglich ist und die Person, freiwillig oder unbewusst, auch Fremden kundtut. Dies sind Informationen über Arbeitgeber, Adresse, Kleidung, Auto oder die Vorlieben in Smalltalk-Diskussionen. Die zweite ist die

Ebene der Informationen über Freunde, Arbeitskollegen, Mitglieder eines Vereins oder eines Fachzirkels. Die dritte Ebene beinhaltet die engen Beziehungen zu Familie, Ehefrau, Geliebte, Facharzt oder Psychologen. Die vierte und letzte Ebene enthält die privaten Gedanken eines Individuums.

Abhängig vom ultimativen Ziel des Profils (wollen Sie der Person etwas verkaufen oder erfolgreich ein Date mit der Frau Ihrer Träume erhalten) werden Themenschwerpunkte festgelegt. Die Kunst dabei ist es, dass Ihr Modell von der Person – genau das ist ein Profil – nicht zu komplex wird. Komplexe Modelle bedürfen oft einer Vielzahl von Annahmen und führen meist zu Fehlanalysen. Andererseits ist jede gesicherte Information wichtig und sollte dazu verwendet werden, jede Annahme zu prüfen und zu verifizieren. Wie das Profil erstellt wird, ist abhängig von der Person, die das Profil erstellt, oder von den Personen, welche die Profiling-Software geschrieben haben.

Beispiele für die Anwendung von Profiling im Verkauf: In Online Shops kommen oft Revenue Management-Systeme zum Einsatz, die gestützt auf Datenbanken dem einzelnen Shop-Besucher „seine" Auswahl von Produkten mit auf ihn zugeschnittenen Preisen anzeigt. Je besser das Profil über jeden einzelnen potentiellen Kunden bekannt ist, desto genauer kann die Kaufkraft ermittelt und ein Produktsortiment angezeigt werden, das statistisch gesehen die besten Verkaufschancen hat.

Dieser Ansatz ist nicht neu. Airlines benutzen Revenue-Management-Systeme seit Anfang 1980 zusammen mit der Einführung von Frequent-Flyer-Karten. Gestützt über das vergangene Kaufverhalten werden dem Kunden Flüge zu seinem individuellen Preis angeboten. Ein Geschäftsreisender hat bekanntlich andere Entscheidungsfaktoren als ein jung verliebtes Paar auf dem Weg in die Ferien. Kann sein, dass dem Business Traveller keine freien Sitze in der Economy Class nach Nizza angezeigt werden, während das junge Paar seinen Traumurlaub zur gleichen Zeit bucht. Der Grund dafür ist einfach zu erkennen. Der Geschäftsreisende ist gezwungen, an diesem Datum zu fliegen und wird den höheren Preis für die Business Class akzeptieren, nicht zuletzt weil die Firma den Flug bezahlt. Auf diese Weise stellt die Fluggesellschaft sicher, dass der Profit maximiert wird. Der Business Reisende nimmt keinen Platz einer preissensitiven Person in der Economy Class weg, bezahlt mehr für seinen Business Class Ticket und verkauft zwei

Privatsphäre: Gedanken zu einem verlorenen Gut

Sitze an ein junges Paar, das vielleicht in Zukunft besser finanziell gebettet ist und häufiger mit dieser Fluggesellschaft fliegen wird.

Dass Profiling eine schlechte Nachricht für die individuelle Privatsphäre ist, ist nicht immer offensichtlich. Je besser ein erstelltes Profil und je geschickter die Anwendung der Profiling-Daten im Umgang mit dem „Opfer" sind, desto erfolgreicher kann das eigentliche Ziel verfolgt und manipuliert werden.

Stellen wir uns mal vor, Sie haben an einer Party einen Mann entdeckt, der Ihnen gefällt. Sie haben über eine Freundin seinen Namen erfahren, nennen wir ihn mal Paul, und wissen, dass er 27 Jahre alt ist, in Zürich wohnt und bei einer Grossbank arbeitet. Mit nur diesen Informationen bewaffnet setzen Sie sich an Ihren Computer und beginnen mit der Suche nach ihm. Sie starten auf dem Online-Portal des Handelsregisters und finden seinen Namen im Register der Handlungsbevollmächtigten der UBS. Sie verifizieren sein Alter und haben seinen Heimatort herausgefunden. Als nächstes suchen Sie Paul auf Facebook und Pinterest und finden eine Reihe von Ferienfotos von Ibiza aus den Jahren 2011 und 2015. Sie finden weiter heraus, dass er Single ist, Thai Food und spanisches Essen liebt und früher in der Juniorenauswahl der Schweizer Ten-

Unserer Angreifer: Ihre Methoden

nis-Nationalmannschaft gespielt hat. Eine Suche bei Google klärt, in welchem Tennisclub er heute noch Turniere spielt und dass ihm das Eisfahrtraining in Lappland mit Audi sehr gut gefallen hat. Sie nehmen das Telefon und rufen das Tenniscenter an. Ein kurzes Geplauder mit der Rezeptionistin, und Sie wissen, dass Paul jeden Dienstag und Donnerstag von 19 bis 20.30 Uhr einen Platz gemietet hat. Ein Anruf bei Ihrer Freundin Andrea, und Sie machen ab zu einem Tennisspiel am nächsten Donnerstag, und Andrea übernimmt die Platzbuchung, da ja Ihre Stimme bekannt ist.

Wie zufällig werden Sie Paul auf dem Tennisplatz treffen, werden sich mit ihm in einen Smalltalk verwickeln, von Ihren geplanten Ferien auf Ibiza sprechen oder dass Sie sich überlegen, einen Audi zu kaufen. Sie erwähnen beiläufig, dass Sie Hunger haben und schlagen vor, ob er Sie zum Spanier um die Ecke begleiten mag.

Ob Sie ihm sagen sollten, dass Sie ein Profil von ihm erstellt haben? Wahrscheinlich nicht. Aber dies ist die Gefahr, der wir uns heute in jeder Situation gewahr sein sollten. Ist die Person, die wir kennenlernen, wirklich sympathisch, oder ist sie einfach so gut über uns informiert, dass sie genau weiss, welche Knöpfe sie bei uns drücken muss? Dies gilt nicht nur im Privatleben, sondern umso mehr im Geschäftsbereich. Ihr Versicherungsvertreter wird garantiert mehr über Sie wissen, wenn Sie ihn treffen, als Sie über ihn. Und ja, er wird jede Kleinigkeit an Information nutzen, damit Sie die neue Police unterschreiben.

Ja, Profiling ist eine Kunst – und herauszufinden, ob man ein Profiling-Opfer ist, umso mehr. Passen Sie auf sich auf. Anfängliches Misstrauen kann oft helfen, eine falsche Entscheidung zu vermeiden.

Unserer Angreifer: Ihre Methoden

Bedrohung
der PRIVATSPHÄRE
Profiling

- ✓ Seinen Sie sparsam mit der Herausgabe von Informationen über sich.
- ✓ Treten Sie keinem Kundenbindungsprogram bei, auch wenn Sie deswegen keine Rabatte erhalten.
- ✓ Registrieren Sie sich nicht bei jeder Plattform, nur weil dies von Ihnen verlangt wird.
- ✓ Seien Sie wählerisch in der Wahl Ihres Internet Browsers und bei den Applikationen, welche Sie verwenden.
- ✓ Fragen Sie sich immer: „Wieso wird diese Information über mich benötigt?".

V. Unsere Angreifer: Ihre Motivation

*„Willst du den Charakter eines Menschen
erkennen, so gib ihm Macht."*
Abraham Lincoln, US-Präsident

Zu wissen, wie Dritte versuchen, unser Verhalten, unsere Bewegungen und Vorlieben, unsere Gedanken und Texte auszuspionieren, mag erschreckend sein oder uns einfach zum Staunen bringen. Die eigentliche Motivation, die Dritte haben, all dies zu tun, ist dabei nicht immer ersichtlich. Sicher, man kann sagen, dass Geld und Macht eine Rolle spielen, und dies ist in den meisten Fällen auch ein gewünschtes Resultat. Nur mit einem Resultat kann man keine Ziele erreichen, dafür ist ein Konstrukt aus verschiedenen Motiven und Handlungen vonnöten.

Unsere Angreifer: Ihre Motivation

Motiv 1: Benutzer einfangen

> *„Um ein tadelloses Mitglied einer Schafherde sein zu können, muss man vor allem ein Schaf sein."*
> Albert Einstein, Physiker

Seit der Erfindung des World Wide Webs durch Tim Berners-Lee[xxxii] im Jahr 1989 ist die Anzahl der Benutzer einer Website messbar, und später mit den Portalen, Social Networks und Bezahldiensten im Web wurde der registrierte Benutzer eine Masszahl für den Erfolg und Gegenstand für die finanzielle Bewertung des Anbieters. Das Ködern von neuen Benutzern war und ist daher das angestrebte Ziel eines jeden neuen Anbieters.

Obwohl es verschiedene Wege gibt, möglichst viele Benutzer auf eine Webseite oder ein Portal zu bringen, hat es sich gezeigt, dass nur kostenfreie Angebote wirklich eine grosse Anzahl von Benutzern versprechen, wie dies zum Beispiel Google und Facebook zeigen. Nichts beschreibt diesen Geschäftsansatz wohl besser als das amerikanische Sprichwort „Verschenk es und werde reich"[xxxiii].

Die Kosten für die angebotenen Dienstleistungen werden durch Werbeeinnahmen wie Google Ads oder durch die Verwertung der gesammelten Benutzerdaten gedeckt, nicht aber durch direkte Mitgliederbeiträge. Je nach Dienstleistungsart sind Premium-Mitgliedschaften oder Zusatzdienstleistungen eine weitere, zum Teil auch sehr lukrative Einnahmequelle. Dieses Modell wird häufig von Dating-Webseiten verwendet, bei der die Registrierung als Mitglied nur wenig Nutzen bringt, da man zum Beispiel nur Profile von anderen Mitgliedern ansehen, nicht aber mit ihnen in Kontakt treten kann. Möchte man dies, dann ist eine Premium-Mitgliedschaft fällig. Singlebörsen-Vergleich.de beziffert den deutschen Online-Dating-Umsatz im Jahr 2014 auf 192 Mio. Euro, bei rund acht Millionen aktiven (tägliche Nutzung) und 100 Millionen passiven Mitgliedern.

Es liegt in der Natur von Dating-Webseiten, dass der Benutzer freiwillig viel von seiner Privatsphäre preisgibt. Auch wenn nicht immer alle Angaben korrekt sind oder absichtlich beschönigt wurden, können Fotos ohnehin über Google Foto Search abgeglichen (siehe Merkmal: Unser Körper) und so mehr Details über eine Person erfahren werden als nur die Details, die im Profil stehen. So oder so, für die Firmen, welche Dating-Webseiten betreiben, geht die Rechnung meistens auf. Benutzer einfangen und später zur Kasse bitten, hat in der realen Welt schon mit Kaffeefahrten funktioniert. Und so wundert es wenig, dass die virtuelle Welt nicht viel anders funktioniert.

Motiv 2: Informationen absaugen

> *„Ist nicht sofort ersichtlich, welche politischen oder sozialen Gruppen, Kräfte oder Grössen bestimmte Vorschläge, Massnahmen, usw. vertreten, sollte man stets die Frage stellen: Wem nützt es?"*
> Wladimir Ilitsch Lenin, Russischer Politiker

Wer hat nicht schon von Harry Potter gehört, dem Titelhelden in J. K. Rowlings siebenteiligem Roman? Sie hat ihre Bücher auf einem Notebook mit Microsoft Word geschrieben und wurde damit zur Milliardärin. Nun gut, was wäre geschehen, wenn sie ihre Bücher mit Google Docs geschrieben hätte? Ein Blick in die Google-Nutzungsbedingungen erklärt folgendes:

"Wenn Sie Inhalte in oder über unsere Dienste hochladen oder einstellen oder in unseren Diensten oder über unsere Dienste speichern, senden oder empfangen, räumen Sie Google (und denen, mit denen wir zusammenarbeiten) das Recht ein, diese Inhalte weltweit zu verwenden, zu hosten, zu speichern, zu vervielfältigen, zu verändern, abgeleitete Werke daraus zu erstellen

(einschliesslich solcher, die aus Übersetzungen, Anpassungen oder anderen Änderungen resultieren, die wir vornehmen, damit Ihre Inhalte besser in unseren Diensten funktionieren), zu kommunizieren, zu veröffentlichen, öffentlich aufzuführen, öffentlich anzuzeigen und zu verteilen." Aus Google-Nutzungsbedingungen

Sie werden mit mir einig gehen, falls Frau Rowlings ihre Bücher mit Google Docs geschrieben oder ihr Backup der Bücher auf Google Drive gespeichert hätte, dann wäre die Chance sehr gross, dass Sie auch noch heute Sozialhilfe-Empfängerin wäre wie vor dem ersten Harry-Potter-Buch.

Das Sprichwort "Man bekommt im Leben nichts geschenkt!" bewahrheitet sich hiermit einmal mehr. Gratisanbieter von Internet-Dienstleistungen wissen immer, wie sie sich ihren "kostenlosen" Service bezahlen lassen. Es muss nicht immer gleich so dreiste Folgen haben wie bei Google, aber im Allgemeinen bezahlen Sie mit Ihrer Privatsphäre. Falls Sie nun fragen sollten, wieso Google denn alles darf, dann schauen Sie in den Spiegel – Sie werden die Person sehen, die Google dies erlaubt!

Sie stimmen den Google-Nutzungsbedingungen zu, wenn Sie ein Google Account eröffnen, eine Google-Suchapplikation auf Ihrem Smartphone installieren oder wenn Sie ein Gmail-Konto registrie-

Unsere Angreifer: Ihre Motivation

ren. Google darf all dies tun, weil Sie Google dies ausdrücklich erlaubt haben. Vielleicht sind Sie ja nicht der nächste Autor einer Buchreihe, die Milliarden einbringt, aber die Folgen der Nutzungsbedingungen sind viel weitgehender als Sie vermuten.

Wie oft kommt es vor, dass ein Mitarbeiter in einem Unternehmen sich aus Zeitgründen und unter dem Leistungsdruck das Firmendokument, an welchem er gerade arbeitet, per E-Mail nach Hause sendet. Nehmen wir einmal an, er ist ein leitender Angestellter in einem Pharma-Unternehmen, und das Dokument beinhaltet die letzten Testresultate für ein neues Krebsmedikament. Abhängig von der Art dieser Resultate wird der Aktienkurs des Pharma-Unternehmens steigen oder sinken – und Google weiss Tage vor der Veröffentlichung dieser Nachricht davon!

Falls nun die Frage aufkommt, ob man bei Google auch alle diese gesammelten Informationen nutzt, dann kann der Hinweis auf Recorded Future, ein Joint Venture zwischen der CIA und Google, ein wenig Licht ins Dunkel bringen. Diese Firma bietet Echtzeitanalysen für Unternehmen an, die sich darüber informieren wollen, wer, wo und wann über sie oder die Konkurrenz spricht. Anhand von Daten aus dem World Wide Web werden Szenarien entwickelt und mit Wahrscheinlichkeiten versehen. Und ja, Ihre Daten, die Sie auf Google gespeichert haben, die E-Mails, die Sie via Gmail versandt haben, oder die Stichwörter, nach welchen Sie auf Google gesucht haben, können von Recorded Future verwendet werden (siehe Google-Nutzungsbedingungen).

Aldous Huxley hat 1932 den Roman „Schöne Neue Welt" geschrieben, in dem er einen totalitären Weltstaat beschreibt, der alle Personen steuert. Es ist erstaunlich, wie visionär Aldous Huxley vor 84 Jahren war. Und erschreckend, wie nahe wir diesem Schrecken heute schon gekommen sind.

Motiv 3: Beziehungen aufdecken und nutzen

Kennen Sie „DigitalerPrivatDetektiv.de"? Diese Website wird seit kurzem durch Fernseh- und Onlinewerbung beworben. Die Dienstleistung dahinter ist recht simpel. Sie registrieren sich als neuer Nutzer und bezahlen für jeden Suchauftrag des Digitalen Privat Detektivs 39.99 Euro. Dafür erhalten Sie ein komplettes Bewegungs- und Kontaktprofil eines Facebook-Freundes oder WhatsApp-Kontaktes. Damit kommen Sie zu den zehn häufigsten

Unsere Angreifer: Ihre Motivation

männlichen und die zehn häufigsten weiblichen Kontakte von der Person, für die Sie das Profil in Auftrag gegeben haben.

Ebenso erhalten sie die zehn Orte, an der sich diese Person innerhalb eines von Ihnen bestimmten Zeitraums aufgehalten hat. Falls Sie sich für den Premium-Service entscheiden und Sie die 69.99 Euro von Ihrer Kreditkarte abbuchen lassen wollen, erhalten Sie zusätzlich die meistgenannten Wörter oder Icons pro Kontakt Ihrer Zielperson. Zudem erfahren Sie, an welche Kontakte Bilder mit Genitalien oder unbekleideter Personen versendet oder empfangen worden sind.

Atmen Sie durch! Obschon Sie mit der Registration Ihres Facebook- oder WhatsApp-Kontos zwar Ihre Daten bereitwillig schon an Facebook zur freien Benutzung unterlizenziert haben, so ist „DigitalerPrivatDetektiv.de" eine Erfindung von mir. Auch wenn dieser Dienst nicht existiert, besteht immerhin die Möglichkeit, dass ein ähnlicher Service in naher Zukunft zur Verfügung stehen könnte.

Als Facebook anfangs 2014 für 19 Milliarden USD den SMS-Ersatzdienst WhatsApp gekauft hat, wurden 1,2 Milliarden Facebook-Benutzer mit einer Milliarde WhatsApp-Usern „verheiratet". Selbst wenn die Hälfte der Benutzer Facebook und WhatsApp ge-

Privatsphäre: Gedanken zu einem verlorenen Gut

meinsam nutzen, so hat Facebook trotzdem seit Frühling 2014 Einblick in die gesellschaftlichen Beziehungen von rund einem Viertel der Weltbevölkerung!

Stellen Sie sich mal folgende Frage: Käme ein Fremder auf Sie zu und würde Ihnen 20 Euro anbieten, falls Sie ihm alle Namen und Telefonnummern aushändigen, mit denen Sie auf WhatsApp chatten – würden Sie auf diesen Handel eingehen? Wahrscheinlich nicht, aber die WhatsApp-Besitzer wurden wegen Ihnen um 19 US Dollar reicher.

Das Wissen um Beziehungen zwischen Personen, deren Vorliebe und deren Verhalten, ist ein Milliardengeschäft. Facebook ist heute (Frühling 2016) mit einer Börsenkapitalisierung von 249 Milliarden USD eines der weltweit gewichtigsten Unternehmen. Sucht man eine Berechtigung für den Börsenwert von Facebook, so kann man dies kaum anhand bekannter Unternehmen wie Boeing (86 Mia. USD) oder General Motors (48 Mia. USD) tun.

Auch wenn der Bau eines neuen Airliners hohe Entwicklungskosten verursacht und ein immenses Knowhow voraussetzt, ist dieses Wissen nur einen Drittel so wertvoll wie das Wissen um die Beziehungen und Gepflogenheiten von einem Viertel der Weltbevölkerung. Es erstaunt daher auch nicht sonderlich, dass Google mit doppelt so vielen G+ Benutzern wie Facebook auch mehr als die doppelte Börsenbewertung hat, im Januar 2016 zum weltweit grössten Unternehmen avancierte und Apple damit auf Platz 2 verwies.

Motiv 4: Daten auf „Halde" sammeln

Jeder Hersteller einer Anwendung, sei dies ein Computerprogramm, eine Smartphone-App oder eine Webseite, verfolgt gewisse Ziele, was er damit erreichen will. Im Gegensatz zur Herstellung eines Hammers, der nichts über den Käufer zu verraten vermag, nachdem er den Laden verlassen hat, bietet eine Anwendung mit Internetanbindung den Vorteil, dass sich der Hersteller, zu jedem Zeitpunkt, über den Käufer informieren will. Es ist daher nicht unüblich, dass sich der Hersteller über die Nutzungsbedingungen das Recht gibt, alle nur erdenklichen Informationen über den Nutzer abzufragen, zu speichern und zu nutzen.

Der Vorteil bei diesem Vorgehen liegt darin, dass sich der Hersteller nicht festzulegen hat, was sein nächstes Geschäftsmodell sein muss. Die auf „Halde" gesammelten Daten ermöglichen ihm auch den Verkauf der Daten oder eine Partnerschaft mit einem anderen

Anbieter einzugehen, um gemeinsam die Anwendung zu verbessern, diese besser zu platzieren oder bezahlte Premiumdienste anzubieten. Auch wenn man fast täglich über die „Datensammelwut" der NSA lesen kann, haben europäische Behörden deutlich mehr Gegenwind von den Datenschützern. Anderseits sammelt jede Applikation, die wir herunterladen, deren Nutzungsbedingungen wir akzeptieren und wir auf unserem Smartphone installieren, oftmals mehr Daten direkt über uns als sich die Polizei, aufgrund der bestehenden Gesetze und ohne richterliche Verfügung, je trauen würde.

Motiv 5: Kriminelle Absichten

Viele Hackerangriffe stammen aus China oder Russland und sind längst nicht mehr „Bubenstreiche" Jugendlicher, sondern das Machwerk von gut organisierten Verbrechersyndikaten oder gleich vom Staat subventionierten Gruppierungen. Die Motive sind naheliegend. Neben Diebstahl von Geld oder der Erpressung ist oft auch das gezielte Ausspähen von Geheimnissen ein Ziel. Dies kann mit der Absicht der Industriespionage erfolgen oder zur Destabilisierung der bestohlenen Firma, um andere Ziel zu erreichen. Hilfsmittel zum Erreichen der gesetzten Ziele beschränken sich selten nur

Unsere Angreifer: Ihre Motivation

auf Informations-Technologie. Das ganze Gewaltspektrum von verbrecherischen Organisationen kann dabei zum Einsatz kommen.

Grundsätzlich kann man zwischen zwei Angriffsarten unterscheiden. Die erste Ausprägung beinhaltet Angriffe, die breit angelegt sind und eher zufällig ihre Opfer sucht. Diese Angriffe sind typisch für Phishing E-Mails oder Trojaner, die über infizierte Software auf die Systeme der Opfer gelangen. Solche Angriffe sind nicht besonders ausgeklügelt und haben zumeist bei Opfern Erfolg, die ihre Geräte schlecht warten oder gänzlich auf den Einsatz einer Anti-Malware-Software verzichten.

Die zweite Angriffsform ist bedeutend gefährlicher. Hier handelt es sich um einen gezielten Angriff auf eine Person, Firma oder staatliche Stelle. Diese Angriffe sind meistens durchdacht und spielen oft zusammen mit Social-Engineering-Aktionen im realen Leben. Die eingesetzten Hilfsmittel sind meist hochgradig spezialisiert oder wurden nur für den spezifischen Angriff geschrieben. Die Aufdeckung solcher Angriffe sind daher meistens sehr schwierig, nicht zuletzt weil die Angreifer über Social Engineering oft früh an Geheimisse kommen, die ihnen das Hacking erst ermöglichen.

Motiv 6: Neugier

Man sollte nie die Neugier der Menschheit unterschätzen. Im Gegensatz zu den Tieren, bei denen vielfach die Neugierde mit der Geschlechtsreife erlischt, kann der Mensch ein Leben lang neugierig bleiben. Die Neugier ist ein Trieb, der uns dazu veranlasst, Neues zu entdecken und Geheimnisse zu erforschen[xxxiv]. Es ist kein Geheimnis, dass die Neugierde anderer die grösste Gefahr für unsere Privatsphäre darstellt. Der Erfolg von Social-Media-Plattformen ist sicher auch damit zu begründen, dass es uns nach Neuigkeiten dürstet, wir neugierig darauf sind, was unser Umfeld macht, und dies im vollen Bewusstsein, dass die Anbieter der Plattformen mit unseren Daten ihre Neugierde und ihre kommerziellen Interessen befriedigen.

Moderne Technologien haben es jedem einfach gemacht, mehr über den Anderen herauszufinden. Eine Abfrage bei Google, ein Besuch auf Facebook – und viele unserer „Geheimnisse" sind verflogen. Auch wenn wir über die Drohneneinsätze der amerikanischen Streitkräfte über Afghanistan lesen, sind wir immer noch erstaunt, dass jeder heute einfach im Elektro-Supermarkt einen Quadkopter kaufen kann, um dann mit seiner privaten Drohne in die

Unsere Angreifer: Ihre Motivation

Fenster der Nachbarn oder über den Zaun der Badeanstalt zu sehen. Es ist die Neugierde, die jeden von uns antreibt, und es ist die Neugierde anderer, vor der wir uns schützen müssen

Motiv 7: Image wahren

Es ist sicher amüsant, wenn man in den Vororts-Pendlerzügen sitzt und man eine Geschichte über Apple vs. FBI liest. Die Frage, die sich stellt, ist, ob Sie glauben, was Sie lesen. Worum geht es? Das FBI verlangt von Apple, dass eine neue vom FBI hackbare Version vom iPhone-Betriebssystem veröffentlicht wird, damit das FBI auf die Daten des iPhones eines 14-fachen Mörders zugreifen kann. Nun sagen Sie selbst: Sind Sie auf der Seite von Apple, die Ihre Rechte als iPhone-Benutzer schützt oder auf der Seite des FBI, welches einen Massenmörder dingfest machen will? Wie entscheiden Sie sich? Wir können lange darüber nachdenken, aber denken wir über das Richtige nach?

Fragen Sie sich mal nach den Hintergedanken. Eine Bundesbehörde oder ein Geheimdienst lebt von der Tatsache, dass niemand weiss, wozu sie fähig sind. Als Hersteller eines Smartphones versuchen Sie das Image aufrechtzuhalten, dass Sie Geräte herstellen, die sicher sind – vor kriminellen ebenso wie vor wachsamen Augen der Behörden. Eine Meldung über den Widerstand von Apple gegen das FBI hilft somit ultimativ beiden – Apple und FBI. Beide Seiten tun kund, was sie gerne kundtun würden. Apple, dass sie nur sichere Geräte herstellen, die auch von den US-Behörden nicht eingesehen werden können. Das FBI steht zwar offiziell als Verlierer da, aber insgeheim haben sie gewonnen – weil sich jeder Terrorist oder Kriminelle aufgrund dieser Zeitungsmeldungen sicher wähnt. Das ist eine Einladung für die US-amerikanischen Behörden, unabhängig davon, ob es sich um NSA, CIA, Homeland Security, FBI oder ATF handelt.

Also was sollen wir glauben? Ist unser iPhone sicher? Oder sollen wir lieber zur Konkurrenz wechseln? Sie haben die Zeitung gelesen. Apple ist sicher, so steht es da geschrieben. Ob Sie es glauben oder nicht, liegt bei Ihnen. Bedenken Sie nur dies: Beide Parteien, Apple und FBI, können bei dieser Geschichte nur gewinnen. Der gute alte Satz, „zu gut, um wahr zu sein", drängt sich einfach in den Kopf. Es ist Ihre Entscheidung – glauben Sie, was Sie glauben wollen.

VI. Altes Verhalten in der neuen virtuellen Welt

> *„Wer so tut, als bringe er die Menschen*
> *zum Nachdenken, den lieben sie.*
> *Wer sie wirklich zum Nachdenken bringt,*
> *den hassen sie."*
> *Aldous Huxley, Schriftsteller*

Die Analyse der Methoden und Motive der Angreifer unserer Privatsphäre beleuchtet, weshalb Unternehmen, Staat oder Kriminelle unsere Daten sammeln und auswerten. Was wir bis anhin aber nicht hinterfragt haben, ist, warum wir so freimütig und freiwillig unsere Daten verkaufen. Vielleicht denken Sie sich jetzt: „Ich verkaufe meine Daten doch gar nicht." Und dennoch tut es jeder.

Täglich treffen wir Entscheidungen, die sich um den Kauf eines Produkts oder die Nutzung einer Dienstleistung drehen. Dabei benutzen wir drei verschiedene Währungen, um dafür zu bezahlen. Die intuitiv gebräuchlichste Währung ist *Geld*. Sei es als Bargeld, Banküberweisung oder Kreditkarten, sogenanntes Plastikgeld. Bezahlen wir nicht oder nur einen Teil mit Geld, dann bezahlen wir den Rest mit der Währung *Zeit* oder der Währung *Privatsphäre*.

Privatsphäre: Gedanken zu einem verlorenen Gut

Benjamin Franklin wies schon 1748 in seinem Buch „Ratschläge für junge Kaufleute" darauf hin, dass Zeit Geld sei. Dass Privatsphäre, genauer gesagt alle Daten, die unser Verhalten, unsere Vorlieben oder Interessen dokumentieren, eine Währung ist, ist ein neueres Konzept, aber weist darauf hin, dass Privatsphäre ein seltenes Gut und daher wertvoll geworden ist. Mit der Privatsphäre anderer Leute kann man Geld machen, und wer Geld hat, kann sich Privatsphäre kaufen. Wir müssen uns selber die Frage stellen, inwieweit wir uns dem Wert unserer Privatsphäre eigentlich bewusst sind und inwieweit wir mit unserem Verhalten unsere Privatsphäre beschützen oder gefährden.

Wir müssen keine Psychologen sein, um zu wissen, dass unser Verhalten durch inneren Antrieb (Motivation), von Emotionen und durch Aggression gesteuert wird. Wollen wir etwas erreichen, haben wir die Motivation, dies zu tun. Wir haben ein Gefühl und wollen es bestärken oder befriedigen. Wir wollen etwas nicht oder fühlen uns falsch behandelt, dann entwickeln wir eine Aggression. All dies sind zielgerichtete Kräfte in uns, die auf einer inneren Spannung basierend eine Lust oder Unlust hervorrufen.

Altes Verhalten in der neuen virtuellen Welt

Wir werden getrieben, diese Spannung, Lust oder Unlust zu befriedigen – daher der Begriff der „Triebbefriedigung". Wird der Trieb nicht befriedigt, so kann dieser an Bedeutung gewinnen und uns in unserem zielgerichteten Verhalten bestärken, alles zu tun, um zu erlangen, was wir verlangen. Unsere Fähigkeit, zu rational zu denken, wird dabei – je länger wir nicht erhalten, was wir benötigen – zusehends eingeschränkt, ebenso unsere Wahrnehmung dessen, was um uns herum geschieht. Wir verlieren den Fokus auf das Wesentliche und handeln nur noch zielgerichtet, um diesen Spannungszustand abzubauen.

Das Triebverhalten eines jeden Einzelnen von uns wird dabei stark vom individuellen, sozialen wie auch kulturellen Umfeld bestimmt, in dem wir aufgewachsen und erzogen wurden und welche Erfahrungen wir in unserer Lebenszeit bereits gemacht haben. Unser angeeignetes Wissen spielt hierbei nur eine untergeordnete Rolle. Wir wissen, dass Rauchen oder Alkoholkonsum schädlich für den menschlichen Körper ist, trotzdem tun es viele. Das Wissen um etwas alleine birgt meist eine zu geringe Motivation, um unser Verhalten zu ändern. Erst eine weitere zusätzliche Gegebenheit kann der notwendige Anstoss zur Verhaltensänderung sein.

Gleichgültigkeit

„Was nichts kostet, ist nichts wert."
Albert Einstein, Nobelpreisträger

Eigentlich wissen wir alle, dass wir digitale Spuren im Netz hinterlassen. Wir wissen, dass wir die Allgemeinen Geschäftsbedingungen einer App oder eines Internet-Dienstleisters lesen sollten, aber wir tun dies nicht. Wir sind von einer Gleichgültigkeit geschlagen, die uns nur Schmerzen zufügen würde, wenn wir diese überkommen wollten. Eine App auf dem Smartphone haben oder nicht, hat dabei selten nur eine praktische Funktion zum Ziel. Diese App vereinfacht eine Aufgabe oder bringt sonst einen Nutzen. Oft liegt der Nutzen in der Befriedigung der Neugier, der Eitelkeit, diese App ebenfalls zu haben und im Bekanntenkreis mitreden zu können. Im Gegensatz zu Feuer, das uns wärmen kann oder mit dem wir unser Essen zubereiten können, das uns aber auch verbrennen kann, wenn wir nicht sachgemäss damit umgehen, ist das Herunterladen und die Nutzung einer App weitgehend schmerzfrei.

Der Schmerz – so wie ein verbrannter Finger, wenn wir mit Zündhölzern spielen – fehlt uns, um im Umgang mit den Gefahren des Webs schnell und effizient zu lernen. Wir riechen oder spüren

Altes Verhalten in der neuen virtuellen Welt

die Gefahr nicht, die von der Benutzung einer App oder dem Download einer – mit Malware verseuchten – E-Mail hervorgeht. Wir könnten die Gefahr sehen, wir könnten die Allgemeinen Geschäftsbedingungen lesen, die uns auf die Gefahr hinweisen, aber wir wählen, dies nicht zu tun. Wir rechtfertigen unser Handeln mit der Tatsache, dass „alle anderen" dies ja auch nicht tun oder dies getan haben und trotzdem die App herunterluden. Es ist diese Gleichgültigkeit, gepaart mit der inneren Spannung, unsere Triebe zu befriedigen, die unser Verhalten erklärt.

Auch wenn wir keine Genies wie Albert Einstein sind, so ist uns allen durchaus bewusst, dass wir sorgsam überprüfen, ob es den entsprechenden Wert für uns hat, bevor wir Geld dafür ausgeben. Wir prüfen, ob die Kaufsumme den erhofften Nutzen rechtfertigt. Es ist daher durchaus verwunderlich, dass wir eine kostenlose App herunterladen oder uns bei einem kostenlosen Dienst wie Facebook registrieren. Wie wir bereits festgestellt haben, ist Geld nicht die einzige Währung, mit der wir bezahlen können. Und obwohl wir uns dessen bewusst sind, liegt unser Hauptaugenmerk darauf, ob wir für eine App Geld ausgeben müssen oder nicht. Wir sind uns der Bedeutung der anderen zwei Währungen, Zeit und Privatsphäre, zu wenig bewusst und integrieren diese daher kaum in unsere Entscheidungen. Täten wir dies, so müssten wir uns fragen, wieso wir uns täglich mehr als zwei Stunden mit Facebook beschäftigen und dabei freiwillig unsere sozialen Kontakte an ein Unternehmen abgeben, das Milliardengewinne mit unseren Daten erzielt. Unsere Gleichgültigkeit macht es möglich.

Eitelkeit und Anerkennung

> *Die einzige ehrliche Form der Anerkennung*
> *ist der Neid.*
> *Justus Frantz, Pianist*

Social-Media-Kanäle wie Facebook erlauben es, uns auf einfache Weise zu präsentieren. War es im Zeitalter der Druckmedien Schauspielern, Königen und anderen Berühmtheiten vorbehalten, ihr Leben in Illustrierten zu präsentieren, so kann dies heute jeder selbst auf Facebook, Pinterest, YouTube oder sonst einer Social-Media-Plattform tun. Wir können für uns selbst den gewünschten Stellenwert definieren. Wir können unsere Songs auf YouTube stellen und hoffen, dass wir dadurch entdeckt werden. Wir können unsere Fotos auf Facebook posten und darauf hoffen, dass wir deswegen neue „Freunde" finden oder die bestehenden uns gut finden und liken.

Altes Verhalten in der neuen virtuellen Welt

All zu leicht vergessen wir, dass wir mit unserem Handeln mehr preisgeben als uns später in unserem Leben lieb sein könnte. Wir tun dies aus Eitelkeit, auf der Suche nach Anerkennung oder einfach aus Gruppendruck, um nicht abseits zu stehen und sich erklären zu müssen, wieso wir dies nicht tun.

Natürlich wissen wir alle auch, wie wir unsere Eitelkeit kaschieren oder sogar mit ihr kokettieren können. Business-Portale wie Xing oder LinkedIn sind eine Form von Social-Netzwerk mit starkem Bezug auf den beruflichen Werdegang und aktuelle Position eines jeden Mitglieds. Solche Dienste werden oft von Personalbüros und Head Hunters genutzt, um gezielt mögliche Kandidaten anzugehen. Bei 433 Millionen von LinkedIn ist die Auswahl wahrlich ausreichend und für uns ein einfacher Weg, unsere berufliche Eitelkeit zu präsentieren.

Ethik und Moral

„Ich weiss nicht, ob wir die Ethik verloren haben oder ob es uns nur bewusster geworden ist, dass sie nie da war."
Susanne Schmidt, Nationalökonomin

Privatsphäre: Gedanken zu einem verlorenen Gut

Vielleicht fragen Sie sich jetzt, wieso Ethik ein Thema in einem Buch über Privatsphäre ist. Nein, es hat nichts damit zu tun, dass es in unserer politisch korrekten Welt zum guten Ton gehört, sich darüber zu äussern, sondern dass unsere eigene Ethik uns selbst gefährlich werden kann. Ethisches Verhalten hängt direkt von dem Kulturkreis ab, in dem man sich befindet. Man kann unzählige philosophische Definitionen für Ethik finden, aber für diese Diskussion beziehen wir uns auf die drei Formen der Ethik, wie sie die Buddhistische Lehre beschreibt:

- Unterlassen von schädlichem Verhalten
- Andere unterstützen bei der Entwicklung ihrer Fähigkeiten
- Disziplin und Kontrolle über das eigene Leben

Kaum einer von uns hat absichtlich vor, mit einer Smartphone-Applikation oder durch die Nutzung des Webs jemand anderem einen Schaden zuzuführen, sehen wir mal von der Nutzung von Seitensprung-Portalen ab. Wir sollten aber nicht von uns auf andere Personen oder Unternehmen schliessen. Kaum eine App oder ein Web-Portal wird zum Wohle der Menschheit angeboten, sondern zum Erreichen der Ziele der Ersteller. Für Leute mit einer westeu-

Altes Verhalten in der neuen virtuellen Welt

ropäischen Mentalität ist dies oft schwierig zu begreifen. Sätze wie „Die dürfen das doch nicht, wäre ja völlig unethisch", hört man oft in Diskussionen über Nutzungsbedingungen von Apps. Menschen aus Vorder- und Hinter-Asien sind einiges entspannter oder von Natur aus misstrauischer. Die Vermutung einer List ist Gegenstand eines jeden Geschäfts, und der Versuch einer List nichts Unethisches.

Vielmehr hat in diesen Kulturen die letzte Form der Ethik, die „Disziplin und Kontrolle seines eigenen Lebens", eine bedeutendere Rolle als bei uns Westlern. Und hier liegt ein Verhalten, das wir ändern müssen, sofern wir unsere Privatsphäre nachhaltig schützen wollen. Es liegt an uns, selbst die Disziplin aufzubringen, uns bei Smartphone-Applikationen der eigenen Kontrolle zu unterwerfen und uns zu hinterfragen, ob wir ganz bewusst das Risiko des Privatsphären-Verlusts durch die Herausgabe unserer Daten an noch einen (unbekannten) App-Hersteller eingehen wollen.

Es ist sicher ein notwendiges, ethisches Verhalten, dass wir Kinder und Jugendliche über die Gefahren und Risiken des World Wide Webs aufklären und mit gutem Beispiel vorangehen. Eltern haben zudem die Pflicht, die Kontrolle und Disziplin über die Smartphone- und Tablet-Nutzung ihrer Kinder wahrzunehmen. Dies zum Schutz der Privatsphäre, aber auch wegen der physischen Sicherheit ihres Kindes. Standortdaten oder Fotos von Kindern publiziert man besser nicht über das Netz, die Gefahren sind einfach zu gross.

VII. Unsere Überlebensstrategien

*„Nichts bewahrt uns so gründlich vor Illusionen wie
ein Blick in den Spiegel."
Aldous Huxley, Schriftsteller*

Sind wir uns einmal der Möglichkeiten und der Gefahren der neuen Medien und der vernetzten Welt bewusst, so ist dies nur der Beginn der Geschichte. Jeder einzelne von uns muss für sich selbst entscheiden, wie er mit diesen Gefahren umgehen will und welche Möglichkeiten es wirklich Wert sind, sie zu nutzen. Freddy Mercury von Queen hat uns die Hymne für die heutige Zeit geschrieben. Er sang „Ich will alles, und ich will es jetzt". Ein Dilemma des Lebens ist der Graben zwischen „ich will" und „ ich sollte". Jeder von uns muss dieses Dilemma für sich selbst lösen, denn niemand sonst wird es für uns tun.

Die Augen vor den Risiken zu verschliessen, ist ebenso falsch, wie sich komplett den Möglichkeiten der vernetzten Welt zu entziehen. In der Verfassung der meisten westlichen Länder wird von einem mündigen Bürger ausgegangen, der fähig ist, selbständig zu entscheiden. In Anbetracht dessen, dass das Machtgefüge der Welt sich dahin entwickelt hat, dass nicht nur der Staat für uns sorgt und über uns wacht, sondern dies auch grosse internationale Firmen tun, ist es umso wichtiger, dass wir als mündige Bürger Entscheidungen treffen, die in unserem und im Interesse der Gesellschaft gefällt werden. Wir sind Teil der Gesellschaft, und wir bestimmen unsere aller Zukunft selbst – Tag für Tag. Es ist Zeit, dass wir für uns selbst eine Überlebensstrategie zurechtlegen, wie wir als Individuum und als Gesellschaft in einer vernetzten medialen Welt bestehen können. Eines können wir uns sicher sein: Wer unsere Privatsphäre bedroht, die staatlichen Behörden und internationalen Firmen, hat klare Strategien, wie sie an unsere Geheimnisse kommt.

Annehmlichkeit versus Sicherheit

> *„Wer die Freiheit aufgibt, um Sicherheit zu gewinnen, wird am Ende beides verlieren."*
> *Benjamin Franklin*

Es gibt einen wunderschönen Ort direkt am Rande des Grand Canyons. Eine Steinplatte ragt weit in den Canyon hinaus, und wenn Sie sich wagen, dann können Sie sich an deren Kante hinsetzen und ihre Beine baumeln lassen. Sie werden belohnt mit einer

Unsere Überlebensstrategien

atemberaubenden Aussicht und der Tatsache, dass sich die Talsohle mehrere hundert Meter unter Ihren Füssen befindet.

Ja, es ist gefährlich, sich an diese Kante zu setzen. Aber falls Sie dies bewusst tun und mit Vorsicht an die Sache herangehen, haben Sie eine gute Chance, eine schöne Erinnerung mitzunehmen und zu überleben. Es liegt an uns, für uns die Ebene der Annehmlichkeit festzulegen. Es liegt aber auch ebenso an uns, sich mit den damit verbundenen Gefahren auseinanderzusetzen und unser eigenes Niveau an Sicherheit festzulegen. Sind wir uns bewusst, dass eine grössere Annehmlichkeit meist mit höheren Gefahren verbunden ist und wir unsere Entscheidungen mit diesem Bewusstsein treffen, haben wir einen wichtigen Schritt für unsere persönliche Sicherheit getan.

Niemand kann für Sie die Frage beantworten, ob die potentiellen Risiken einer Smartphone-Applikation, die Sie im Begriff sind herunterzuladen, Ihre erhöhte Befindlichkeit durch die Nutzung dieser App rechtfertigen. Es gilt nur zu bedenken, dass Sie bloss eine Chance haben, diese Frage zu beantworten. Und zwar in dem Augenblick, in dem Sie sich entscheiden, die Allgemeinen Geschäftsbedingung zu akzeptieren und die Applikation installieren oder in dem Sie dazu Nein sagen und Ihr Problem anderweitig statt mit der App lösen.

Ich denke...

> *„Ich denke, also bin ich."*
> *René Descartes, Philosoph*

Als mündige Privatperson haben Sie alle Rechte und Pflichten, Ihr Leben so zu gestalten, wie Sie wollen. Solange Sie gegen keine Gesetze verstossen, können Sie sich frei bewegen, reisen oder faul zu Hause auf dem Sofa liegen. Es ist ihre Entscheidung, wie Sie mit Neuen Medien umgehen, ob Sie sich in Sozialen Netzwerken tummeln oder bei der Einreise in die USA die Fingerabdrücke nehmen lassen wollen.

Als Mensch haben wir zwei Grundtypen in uns vereint: den Jäger und den Sammler. Abhängig von der Situation dominiert der eine Typus über den anderen. Die Eigenschaft des Jägers, trotz Risiken schnelle Beute zu machen, steht in direkter Konkurrenz zur Eigenschaft des Sammlers, der bedacht Reserven für die Zukunft aufbaut.

Unsere Überlebensstrategien

Diese beiden Typen kämpfen Tag für Tag in uns gegeneinander. Es ist die Kunst des Marketings, den Jäger oder den Sammler gegen uns auszuspielen. Den Jäger mit Beute zu locken und das Sicherheitsgefühl des Sammlers anzusprechen. Sind wir uns dessen nicht bewusst, dann werden wir zum Spielball der Firmen, die ihre Produkte, Dienstleistungen oder Applikationen an uns herandrängen und unser Unterbewusstsein dahingehend steuern, dass wir der Versuchung verfallen und unsere Geldbörse zücken, oder dass wir unsere Privatsphäre preisgeben. Je besser Sie Ihre persönlichen Ziele kennen, desto mehr sind Sie sich über den Einfluss Ihres heutigen Handelns auf Ihr späteres Leben bewusst und desto besser ist das Überleben Ihrer Privatsphäre gesichert.

Aber wie kann eine Überlebensstrategie für uns als Privatmensch aussehen? Wie schon gesagt, wir alle sind mündige Individuen, die das Recht auf freie Entscheidung haben. Es ist daher die beste Strategie im Umgang mit Neuen Medien, Sozialen Netzwerken oder Applikationen bewusst Entscheidungen zu treffen. Schauen wir uns einmal einige Schlüsselentscheidungen an, die wir ganz individuell für uns treffen sollten.

E-Mail

E-Mail ist heute kaum noch aus unserem Leben wegzudenken. Wir benötigen eine E-Mail-Adresse, um einen Flug zu buchen, um eine Pizza zu bestellen oder die Versicherungspolice zu erhalten. Täglich werden durchschnittlich 294 Milliarden E-Mails verschickt von 3 Milliarden Menschen mit einem E-Mail-Konto. Laut Derek Curtis von SmarterTool[xxxv], einem E-Mail-Software-Hersteller, entsprechen alle täglichen Suchanfragen bei Google, Yahoo und Bing nur 1.1% des gesamten täglichen E-Mail-Datenvolumens. E-Mail ist somit die wichtigste Verwendung des Internets, und daher ist es eine Anwendung und ein Marktplatz, an dem jeder partizipieren möchte.

Und dennoch, die meisten Privatpersonen geben kein Geld für ein eigenes E-Mail-Konto aus. Die meisten von uns verwenden „kostenlose" E-Mail-Konten, die von Firmen wie Google, Microsoft oder Yahoo angeboten werden und bezahlen dafür nicht mit Geld, sondern mit unserer Privatsphäre. Es ist eigentlich ein beängstigender Gedanke, dass wir lieber unsere Privatsphäre opfern anstatt für den durchschnittlichen Preis einer Tasse Kaffee im Monat ein E-Mail-Konto bei einem kommerziellen E-Mail-Anbieter zu kaufen.

Unsere Überlebensstrategien

Schützen Sie Ihre Privatsphäre und kaufen sich ein E-Mail-Konto bei einem Anbieter, bei dem Sie die Allgemeinen Geschäftsbedingungen auch ohne schlechtes Wissen und Gewissen unterschreiben können!

Soziale Netzwerke und Chat-Plattformen

Soziale Netzwerke spielen mit unserer Eitelkeit und suggerieren uns eine Anerkennung, die wir trotz Hunderten von „Facebook-Freunden" nicht haben. Der eigentliche Nutzen aller Sozialen Netzwerke ist es, wie der Name schon sagt, Verbindungen zwischen Einzelpersonen zu knüpfen. Diese Verbindungen sind viel Geld wert für die Betreiber solcher Netze, da sie Beziehungen aufdecken, die in der Vergangenheit verdeckt geblieben sind. Aber es sind nicht die Verbindungen allein, die interessant sind, es sind primär auch die Gewichtungen jeder einzelnen Verbindung aufgrund der Vorlieben und Interessen der beiden Personen, welche die Beziehung miteinander haben. Marketingkampagnen nutzen solche Verbindungen, um Ihnen gezielt Produkte oder Dienstleistungen vorzuschlagen und Sie zum Kauf zu animieren.

Privatsphäre: Gedanken zu einem verlorenen Gut

Schützen Sie Ihre Identität und melden Sie sich bei Sozialen Netzwerken, wie zum Beispiel Facebook, an, so dass niemand in diesen Netzwerken sich für Sie ausgeben kann. Aber nachdem Sie sich registriert haben, widerstehen sie der Versuchung, dieses Soziale Netzwerk auch zu nutzen. Bestätigen Sie bitte keine Anfragen von Freunden, tragen Sie keine Vorlieben ein und halten Sie sich bitte auch zurück mit dem Upload von Fotos Ihre letzten Party oder der Ferien. Sie haben sich bei einem Sozialen Netzwerk registriert, damit Sie eine digitale Präsenz und Identität haben, nicht weil Sie Ihre Privatsphäre offenlegen wollen.

Die grösste Herausforderung für Sie besteht darin, dem Gruppendruck Ihres Umfeldes zu widerstehen. Beantworten Sie sich selbst die Frage, was wichtiger ist: ein paar hundert „Facebook-Freunde" oder Ihre Privatsphäre.

Smartphone

Schaut man sich die Entwicklung von elektronischen Wegbegleitern in den letzten 40 Jahren an, dann hat sich unsere Welt und damit unser Umgang mit solchen Produkten spürbar verändert. Wer kann sich heute noch wirklich vorstellen, wie sich ein Leben ohne

Unsere Überlebensstrategien

Smartphone, Computer oder Internet anfühlt? Wir wurden innerhalb von nur wenigen Jahrzehnten aus der Welt von Stift und Papier, Telefonen mit Wählscheiben und mechanischen Rechenschiebern gerissen, um uns heute mit Elektronik zu umgeben, die uns das Leben erleichtert. Aber deren technischen Aufbau verstehen wir eigentlich gar nicht, trotzdem benutzen wir sie.

Ein modernes Mobiltelefon, das heute Smartphone genannt wird, ist technisch gesehen eine Meisterleistung. Auf engstem Raum sind ein Hochleistungscomputer, ein mobiler Kommunikationsterminal, ein Musik-, Video- und Fotostudio, ein Navigationsgerät und Speicher für mehrere Bibliotheken untergebracht. Diese Meisterleistung wird noch deutlicher, wenn man bedenkt, dass für das Apollo-Mondprogramm der NASA nur etwa 400 000 Zeilen Programmiercode notwendig war und dies heute nicht reichen würde, um Ihr Smartphone überhaupt zu starten. Die deutsche Übersetzung von „smart" ist „schlau", „intelligent", „vernünftig" oder gar „modisch".

Es stellt sich nur die Frage, ob sich die Bezeichnung „schlau" nun auf das Telefon, die Verwendungsmöglichkeiten, den Entwickler oder gar die Person, die es verwendet, bezieht. Da ein Gerät – selbst mit einer eingebauten künstlichen Intelligenz – keine wahre

Privatsphäre: Gedanken zu einem verlorenen Gut

Intelligenz besitzt, kann dieses also auch nicht „smart" oder „schlau" sein. Es bleibt also nur die Möglichkeit, dass der Entwickler oder wir als Benutzer „schlau" sind. Denken wir einmal darüber nach.

Unser Smartphone begleitet uns überall hin, wohin wir gehen. Wir speichern unsere Lieblingsmusik und unsere Lieblingsbilder darauf, wir haben alle unsere Kontakte griffbereit zur Verfügung und vernetzen diese via Soziale Netzwerke oder Chat-Plattformen. Wir analysieren darauf unsere Positions- und Aktivitätsdaten, lesen E-Books, browsen im Internet, schreiben E-Mails, führen Telefongespräche, machen Fotos oder füllen unser Tagebuch mit unseren privaten Gedanken. Kurz und gut, unser ganzes digitales Leben ist auf unserem Smartphone gespeichert.

Dies ist sicherlich sehr bequem für uns – aber ist es „schlau"? Sicher nicht, wenn Sie sich einmal die Zeit genommen haben, die Allgemeinen Geschäftsbedingungen ihres Smartphone-Herstellers oder Applikations-Providers zu verinnerlichen. Selbst dann würden wir es wohl trotzdem tun, weil es einfacher und bequemer ist, all dies mit dem Smartphone zu tun als mit der Summe aller anderen Geräte, die wir ansonsten benötigen würden.

Unsere Überlebensstrategien

Auch wenn wir kaum glauben, ein Leben ohne Smartphone führen zu können, haben wir zumindest die Entscheidungsfreiheit, was wir mit diesem Gerät anstellen und was nicht. Es liegt an jedem von uns zu entscheiden, ob wirklich alle Informationen immer und überall griffbereit vorliegen müssen, ob wir wirklich alle unsere Kontakte auf dem Smartphone gespeichert haben müssen und ob wir diese via Synchronisation den Googles oder Apples dieser Welt mitteilen möchten. Es liegt an uns zu entscheiden, ob wir alle Möglichkeiten, die uns ein Smartphone bietet, nutzen oder nicht.

Wenn wir für uns die Entscheidung getroffen haben, wozu wir ein Smartphone benötigen, dann haben wir auch eine gute Grundlage, die Funktionalitäten, welche die meisten Geräte zum Schutz unserer Privatsphäre anbieten, zu nutzen: nämlich die Zugriffssteuerung. Mit dieser kann der Besitzer eines Smartphones definieren, auf welche Inhalte und Funktionalitäten das Betriebssystem oder die Applikationen darauf zugreifen dürfen. Der Besitzer kann zum Beispiel den Zugriff für die Foto-Applikation für die Kamera und den Speicherchip freigeben, aber sämtliche Kommunikation via E-Mail, Chat, SMS oder Internet verbieten.

Privatsphäre: Gedanken zu einem verlorenen Gut

Bedrohung der PRIVATSPHÄRE Smartphone

- ✓ Auch wenn es praktisch ist, trennen Sie Berufliches von Privatem, auch wenn Sie deswegen 2 Smartphones mit sich führen müssen.
- ✓ Überdenken Sie die Nutzung Ihres Smartphones. Nur weil alles möglich ist, mag es nicht unbedingt sinnvoll sein, alles zu benutzen. Seien Sie selektiv!
- ✓ Verwenden Sie keine Apps und wenn doch, dann nur welche von bekannten Herstellern.
- ✓ Vergeben Sie Zugriffsrechte für die Apps.
- ✓ Gewinnen Sie Zeit und schalten das Smartphone ab, wenn Sie es nicht benötigen.

Mit nur einer kleinen Einstellung kann der „schlaue" Besitzer eines Smartphones sicherstellen, dass seine Fotos nicht ungewollt im

Unsere Überlebensstrategien

Netz verschwinden. Und ja, es ist mühsam und zeitraubend, solche Einstellungen vorzunehmen, weil man diese für jede einzelne Applikation vornehmen muss und schlimmer noch, nach jedem Update sofort wiederholen muss. Es liegt an uns, ob wir ein bequemer Benutzer oder ein schlauer Besitzer sein wollen.

VPN-Dienste

Die Verwendung eines virtuellen privaten Netzwerkes ist eine effiziente Methode, um seinen eigenen Standort im Internet zu verbergen. Die eigene öffentliche IP-Adresse wird durch den VPN-Dienst mit der IP-Adresse des Dienstleisters ersetzt. Je nach Anbieter haben Sie die Möglichkeit, wahlweise das Land zu wählen, in dem Sie gerade ins Internet gehen möchten. Neben der „Verschleierung" ihres Standortes haben Sie auch den Vorteil, sich Inhalte im Web anzusehen, die nur für die Internet-Nutzer eines Landes freigegeben sind.

Web-Browser und Tor-Netzwerk

Die Wahl des Web-Browsers, den Sie verwenden, um im Netz Seiten aufzurufen, ist wichtig für den Schutz Ihrer Privatsphäre. Einige Web-Browser, wie zum Beispiel Mozilla Firefox, bieten dem

Benutzer an, in einem „Privaten Modus" im Web zu surfen. Dieser Modus hat den Vorteil, dass keine Tracking-Informationen, Cookies, Passwörter, Formulareingaben oder ihr Browse-Verhalten gespeichert wird. Damit verwehren Sie Firmen, dass Sie bei jedem Browsen wieder zu identifizieren sind. Auch wenn der „Private Modus" ein guter Schutz ist, sollte man sich trotzdem den Hinweis von Firefox verinnerlichen.

*„**Wichtiger Hinweis:** Der Private Modus macht Sie im Internet nicht anonym. Ihr Internetdienstanbieter, Arbeitgeber oder die Betreiber der Webseiten können immer noch nachvollziehen, welche Seiten Sie besuchen. Auch schützt Sie der Private Modus nicht vor Keyloggern oder Spyware (Schnüffelprogrammen), die auf Ihrem Rechner vorhanden sein könnten." Aus Firefox-Handbuch: Privater Modus.*

Eine gute und einfache Kombination von VPN und Browser bietet Tor Project an. Tor ist ein sogenanntes Zwiebelnetzwerk, das aus mehreren Tor Servern besteht. Nachdem man sich den Tor Browser oder das Tor Firefox Plug-In heruntergeladen hat, wird der Tor-Proxy auf dem PC, Tablet oder Smartphone installiert, der sich mit der Liste der verfügbaren Tor Server aufdatiert. Wird der Tor

Unsere Überlebensstrategien

Browser gestartet, so wird eine verschlüsselte Verbindung zum ersten, zufällig gewählten Tor Server etabliert, der eine weiter verschlüsselte Verbindung mit einem zweiten, zufällig gewählten Tor Server erstellt. Der zweite Tor Server erstellt nochmals eine weitere verschlüsselte Verbindung zum dritten und letzten Tor Server, der den Austrittsknoten ins öffentliche Internet darstellt.

Der Zugang zum öffentlichen Internet wird daher immer über drei zufällig gewählte Tor Server erstellt, und die angezeigte IP-Adresse, zum Beispiel bei einem Webseiten-Besuch, ist immer die des dritten und letzten Servers. Es ist damit möglich, auf sehr einfache Weise das eigene Surfverhalten zu anonymisieren, sofern man sich nicht bei einer Webseite registriert und auf Applikationen wie zum Beispiel Flash Player verzichten kann. Sehr empfehlenswert, wenn man sein Surfverhalten für den eigenen Internet Service Provider anonymisieren möchte.

Privatsphäre: Gedanken zu einem verlorenen Gut

Bedrohung der PRIVATSPHÄRE

Web Browser

- ✓ Verwenden Sie Mozilla Firefox anstatt Google Chrome, da dieser weniger Daten über Sie sammelt.
- ✓ Surfen Sie mit dem «Privaten Fenster» von Firefox, welches Ihre IP-Adresse versteckt und automatisch Ihren Cache nach jeder Session löscht.
- ✓ Behalten Sie Ihren Web Browser immer aktuell. Nehmen Sie sich die Zeit und machen Sie die verfügbaren Updates.
- ✓ Verwenden Sie TOR-Netzwerk oder einen anderen VPN-Dienst um Ihre Internet-Nutzung vor Ihrem ISP zu verbergen.

Trotzdem ist hier ein Wort der Vorsicht angebracht. Da das Tor-Netzwerk ein unabhängiges Netzwerk ist, ist es auch möglich, dass der letzte Tor-Knoten ein Server der NSA oder einer kriminellen

Unsere Überlebensstrategien

Organisation ist. Verschlüsselt man den Verkehr nicht bis zum Zielserver, kann theoretisch der letzte Tor-Knoten auch die Benutzernamen und Passwörter aufzeichnen. Es ist daher sehr wichtig, dass wir, wenn immer möglich, versuchen, nur über eine verschlüsselte „Leitung", sprich mit HTTPS, auf unsere Ziel-Webseite zu gelangen.

Passwörter

Der Umgang mit Passwörtern ist eine sehr „private" Angelegenheit. Eigentlich ist jedem von uns klar, dass es keinen Sinn macht, dasselbe Passwort für jedes E-Mail oder Social-Media-Konto zu verwenden. Es ist uns ebenso bewusst, dass „123456" oder „qwertz" wohl kaum richtige Passwörter sind. Dennoch tun wir es trotzdem, zumindest eine grosse Anzahl von uns. Wieso wir dies tun, liegt auf der Hand. Komplizierte Passwörter können wir uns nicht merken, doch ein einfach merkbares Passwort ist unbrauchbar, weil es einfach zu eruieren ist.

Es stellt sich somit die Frage, wie wir am besten mit Passwörtern umgehen. Von der Verwendung von Geheimwörter-Safes, welche als Applikation für Smartphones angeboten werden, ist grundsätz-

Privatsphäre: Gedanken zu einem verlorenen Gut

lich abzuraten, wie auch vom Nachführen einer Papierliste. Die einfachste Methode ist es, sich für jedes Konto eine Eselsbrücke zu erstellen. Diese kann wie folgt aussehen für das Passwort für Ihre Bank in Zürich: 0Ichmuss2zurBank@@myZürich

Dieses Passwort kann man sich einfach merken und ist erst in 1'222'920'898'906'721'265'185'907'801'911 Jahren, bei zwei Milliarden Tests/Sekunde, knackbar. Dies können (und sollten Sie!) auf der Webseite www.passwortcheck.ch des Zürcher Datenschutzbeauftragten überprüfen. Wenn Sie dieselbe Logik, sprich eine Eselsbrücke, auch für Ihre anderen Passwörter verwenden, dann können Sie sich recht einfach auch 20 Passwörter merken. Ihr E-Mail Konto Passwort könnte dann so lauten: 0Ichmuss2zumPostfach@@myEmail

Zugegeben, Sie müssen mehr Buchstaben und Zahlen eingeben, aber die Länge ist entscheidend für die Sicherheit Ihres Passworts und ja die einfachste Weise, Ihre Privatsphäre zu schützen.

Unsere Überlebensstrategien

Bedrohung
der PRIVATSPHÄRE
Passwörter

- ✓ Vergeben Sie nie mehrmals ein Passwort für verschiedene E-Mail-Konten, Shopping oder Social-Media-Plattformen.
- ✓ Verwenden Sie keine Passwort-Safe-Applikationen für das Smartphone und führen Sie keine Papierliste mit Ihren Passwörtern
- ✓ Verwenden Sie Passsätze statt Passwörter unter Zuhilfenahme Ihrer eigenen Eselsbrücke / Logik.
- ✓ Überprüfen Sie Ihre Passwörter mit Online Passwort-Check-Webseiten.

Strategie bei der Arbeit

> *„Zwei Dinge sind zu unserer Arbeit nötig:*
> *Unermüdliche Ausdauer und die Bereitschaft, etwas,*
> *in das man viel Zeit und Arbeit gesteckt hat,*
> *wieder wegzuwerfen."*
> Albert Einstein, Physiker

Jeder, der einen Arbeitsvertrag unterschreibt, unterwirft sich den Regeln, Gebräuchen und Anforderungen des Arbeitgebers. Arbeitsregeln definieren, was und wie wir unsere Arbeit verrichten sollten, wie wir uns in unterschiedlichen Situationen zu verhalten haben und was von uns als Angestellte der Firma betreffend Corporate Identity erwartet wird. Auch wenn es nicht immer ausgeschrieben ist, so ist der Schutz der Firmengeheimnisse ein integraler Bestandteil eines jeden Arbeitsverhältnisses.

Für uns als Privatpersonen heisst dies, dass wir uns freiwillig den Regeln der Firma unterwerfen und unser eigenes Verhalten dahingehend anpassen müssen, zumindest während der Arbeitszeit, dass es konform mit dem ist, was die Firma von uns erwartet. Die Firma als Arbeitgeber unterliegt ihrerseits den Gesetzen des Landes und den vertraglichen Abmachungen mit Arbeitnehmervertretern wie etwa Gewerkschaften. Einige dieser Regeln und Gesetze schützen

Unsere Überlebensstrategien

uns und unsere Privatsphäre auch am Arbeitsplatz. So ist es nicht gestattet, dass wir am Arbeitsplatz gefilmt werden dürfen, es sei denn, wir verrichten eine gefährliche Arbeit. Die Vielzahl der Regeln, die wir vom Arbeitgeber erhalten, bezieht sich darauf, wie wir den Computer oder das Internet benutzen.

Eine der wichtigsten Vorgaben des Arbeitgebers bezieht sich auf die Nutzungsbedingungen des Internets und des Firmen-E-Mail-Systems. Als Arbeitnehmer vergisst man nur zu leicht, dass der Computer auf unserem Schreibtisch steht, damit wir daran produktive Arbeit für die Firma erstellen. Abhängig vom Arbeitgeber mag es erlaubt sein, dass wir in unseren Pausen im Web surfen, aber wir sollten uns immer gewahr sein, dass wir dies unter den wachsamen Augen der Systemadministratoren der Firma tun.

Es ist ohnehin sinnvoll, davon auszugehen, dass alle Geräte, die uns der Arbeitgeber zur Verfügung stellt wie Smartphone oder Computer, dazu dienen, für unseren Arbeitgeber zu arbeiten. Es ist daher nicht anzunehmen, dass exzessives Benutzen dieser Geräte für private Zwecke wirklich geduldet ist. Es ist daher am besten, dass wir selbst für uns die Entscheidung treffen, Berufliches von

Privatem zu trennen, um mögliche Probleme am Arbeitsplatz zu vermeiden.

- ✓ Bedenken Sie immer, dass alles, was Sie mit dem Firmen-PC tun, zumindest theoretisch, aufgezeichnet werden kann.
- ✓ Erinnern Sie sich immer daran, dass der zur Verfügung gestellte PC zum Arbeiten für die Firma ist und nicht für Ihr privates Vergnügen.
- ✓ Trennen Sie Ihre private PC-Nutzung von der geschäftlichen Nutzung und verwenden Sie getrennte Geräte.
- ✓ Verwenden Sie nie Ihre Firmen-E-Mail für private Anliegen.
- ✓ Speichern Sie keine privaten Fotos oder Musik auf dem Firmen-PC oder -Server.

Unsere Überlebensstrategien

Digitaler Nachlass

> *Was du bist, hängt von drei Faktoren ab: Was du geerbt hast, was deine Umgebung aus dir machte und was du in freier Wahl aus deiner Umgebung und deinem Erbe gemacht hast.*
> *Aldous Huxley, Schriftsteller*

Mit dem Tod einer Person erlöschen in den meisten Fällen der Rechtsprechung der Datenschutz und die Privatsphäre der verstorbenen Person. Es gibt verschiedene Ansätze, wie mit unseren Daten, E-Mail-Konten oder Portal-Mitgliedschaften nach unserem Tod umgegangen werden kann. Wie in der realen gilt auch in der virtuellen Welt, dass wer vorsorgt, Probleme vermeiden kann, auch wenn es nicht mehr die eigenen, sondern die der Hinterbliebenen sind.

Dennoch, der gebräuchlichste Ansatz ist, dass wir uns keine Gedanken über unseren digitalen Nachlass machen und unsere Hinterbliebenen sich darüber ärgern, dass uns noch lange nach dem Tod jemand auf Facebook gratuliert oder Mahnungen für Bezahldienste den Briefkasten füllen. Die meisten Firmen wie Facebook, Ebay, Twitter, Yahoo etc. werden es den Hinterbliebenen nicht leicht machen, die Konten zu löschen, von Editieren keine Rede. Wenn die Hinterbliebenen keine Zugangsdaten haben, so müssen sie mit notariell beglaubigten Kopien der Sterbeurkunde, Passkopie und einem Dokument, das die Hinterbliebenen als Erben ausweist, ihr „Glück" versuchen.

Wer dies zu Lebzeiten verhindern will, hat die Möglichkeit, sämtliche Zugangsdaten und Passwörter in einem digitalen Schliessfach zu speichern, das nach dem Ableben an einen vordefinierten Erben übergeht. So logisch diese Lösung erscheint, so unbrauchbar ist sie. Passwörter sollten regelmässig geändert und im digitalen Schliessfach nachgetragen werden. Tut man dies nicht, dann ist der ganze Aufwand für nichts.

Eine bessere Lösung ist die Verwendung von Anbietern eigener Angebote wie zum Beispiel des Google-Kontoinaktivität-Managers. Diese Einstellung kann für Google-Dienste Regeln erstellen, was mit dem Konto nach einer gewissen Latenzzeit geschehen soll:

Mit Hilfe des Kontoinaktivität-Managers könnt ihr uns mitteilen, was mit euren Gmail-Nachrichten und den Daten in einigen anderen Google-Produkten passieren soll, wenn euer Konto aus irgendeinem Grund inaktiv werden sollte. So könnt ihr uns beispielsweise

Unsere Überlebensstrategien

mitteilen, dass wir alle Daten löschen sollen, nachdem das Konto drei, sechs, neun oder zwölf Monate inaktiv war. Oder ihr könnt vertrauenswürdige Personen benennen, an die dann die Daten aus allen oder nur einigen folgenden Google-Diensten geschickt werden – die Wahl habt ihr. Dazu zählen Daten aus folgenden Produkten: +1s, Blogger, Kontakte und Kreise, Drive, Gmail, Google+ Profile, Seiten und Streams, Picasa-Webalben, Google Voice und YouTube. Bevor unser System die Weiterleitung oder Löschung durchführt, warnen wir euch zunächst per SMS und E-Mail an die von euch angegebene alternative E-Mail-Adresse. Wir hoffen, dass ihr so für euer digitales Leben nach dem Tod vorsorgen könnt und gleichzeitig eure Privatsphäre und Sicherheit geschützt sind.
Aus Google Blog: Kontoinaktivität-Manager

Wer sich als Hinterbliebener nicht selber um die Löschung eines Kontos kümmern will, kann versuchen, die Zugangsdaten mithilfe eines Computer-Forensik-Spezialisten zu beschaffen, oder er kann sich einen digitalen Nachlassverwalter nehmen, der diese Arbeit gegen Bezahlung übernimmt. So oder so liegt es an uns, uns darüber Gedanken zu machen, wie mit unserem digitalen Nachlass verfahren werden soll. Wir tun uns einen Gefallen, weil wir jetzt darüber bestimmen können, und wir tun unseren Hinterbliebenen einen Gefallen, weil sie sich nicht auch noch um unser digitales Erbe kümmern müssen.

- ✓ Verwenden Sie die angebotenen Möglichkeiten von Social-Media-Plattformen, um Ihren digitalen Nachlass einfach von Ihren Hinterbliebenen managen zu lassen.
- ✓ Erstellen Sie ein neues E-Mail-Konto, welches Sie nur für die Zusendung von Passwort-Links aller Ihrer digitalen Anmeldekonten verwenden. Hinterlegen Sie dieses Passwort bei Ihrem Anwalt.
- ✓ Schreiben Sie eine Anordnung, wie Ihre Hinterbliebenen nach Ihrem Tod mit Ihren Daten umgehen sollen.

VIII. Gedanken zum Schluss

*„Kindern muss man beibringen, wie man denkt,
nicht, was sie denken sollten."
Margaret Mead, Anthropologin*

Der Mensch hat in seiner Evolution viele verschiedene Entwicklungsschritte durchlebt. Lang her ist die Zeit, als wir mit Pfeil und Bogen unser Essen erjagen mussten. Die heutigen Herausforderungen sind anderer Natur. Die sogenannte Vierte Industrielle Revolution steht vor der Tür. Das Internet der Dinge soll unser Leben noch effizienter, die Produktion noch schneller und auf den Kunden zugeschnitten machen. Aber sind wir auf dieses Zeitalter vorbereitet?

Unser liebstes Kind, das Smartphone, ist erst 10-jährig, und das Mobiltelefon ist auch erst etwa 30 Jahre alt. Wir nutzten diese Geräte, sie sind ein integraler Bestandteil unseres Lebens. Früher redeten wir mit den Personen, die im selben Zugabteil sassen oder lasen ein Buch. Heute sitzt jeder übers iPhone vernetzt im Zug und lebt isoliert in seiner Welt. Man kann sich fragen, inwieweit der heutige Mensch gerüstet ist, in einer hochgradig digitalisierten Welt zu überleben.

Der digitale Mensch

Die Menschen werden geboren, die Menschen sterben, und die Zeit dazwischen verbringen sie mit dem Tragen der Digitaluhren.
Douglas Adams, Schriftsteller

Es stellt sich die Frage, wieso wir so einfach moderne Technologien wie Internet oder Smartphone in unser tägliches Leben assimilieren. Vielleicht gibt es wissenschaftliche Abhandlungen darüber. Es ist aber naheliegend, dass es die Grundanlagen des Menschen, nämlich Jagen und Sammeln, unterstützt. Seit Anbeginn der Menschheit ist es ein Überlebenstrieb des Menschen, Nahrung zu sammeln oder Tiere zu jagen. Dieses Verhalten können wir auch nach Tausenden von Jahren nicht ablegen, aber wir adaptieren dieses Verhalten. Statt einen Bären zu erlegen, erlegen wir ein Designerkleid in einem Webshop zu einem Spottpreis, was wir glauben, oder wir sammeln Bilder oder Musikalben auf unserm Smartphone. Auch wenn andere Tätigkeiten grundlegend notwendig sind, es sind dieselben Instinkte, die uns treiben, das zu tun, was wir tun.

Aber wie steht es mit der Adaption an die Umweltbedingungen? Als Steinzeitmensch kannte jeder Knabe die Risiken der Jagd und

Gedanken zum Schluss

wurde von Erwachsenen darin geschult, die Gefahren zu erkennen und mit ihnen umzugehen. Wahrscheinlich jeder ist sich bewusst, dass das Internet Gefahren birgt. Nur, wer bringt uns bei, wie wir mit diesen Gefahren umgehen können, wie wir diese erkennen und vermeiden können? Wir werden nicht, wie bei der Jagd auf ein Mammut, von unseren Eltern oder Stammesweisen unterrichtet. Auch unsere Kollegen werden uns nicht vor den Gefahren warnen, weil sie es nicht wissen, weil es „uncool" ist oder weil sie einfach ebenso ignorierend die Augen verschliessen wie Sie selbst.

Okay, Sie besitzen einen Laptop oder Smartphone, wahrscheinlich beides, und nun stellen Sie sich die Frage, ob Sie wirklich verstehen, wie ein Computer funktioniert, was ein Betriebssystem oder eine App auf dem Smartphone wirklich tut. Höchstwahrscheinlich wird nur jeder Zehnte von Ihnen diese Fragen mit einem Ja beantworten können. Wir lassen uns nicht davon abhalten, ein Gerät zu benutzen, das wir im Grunde genommen gar nicht verstehen und deren eingebauten Gefahren wir uns kaum bewusst sind.

Nein, wir werden dies nicht tun, weil unser physisches Leben nicht direkt bedroht ist. Unsere Reputation könnte leiden, oder wir werden unseren nächsten Job nicht kriegen, weil der Personalchef unsere Partyfotos auf Facebook gesehen hat – aber unser Leben ist nicht direkt bedroht, und wir ignorieren diese Gefahren.

Wenn ein Computerprogramm oder eine App einen Fehler (Bug) aufweist, dann wird der Hersteller ein Update bereitstellen, um dieses Problem zu beheben. Aber wie machen wir ein Update unseres eigenen Verhaltens? Was beim Computer einige Minuten dauert, zieht sich beim Menschen über Tage und Monate – oder vielleicht geschieht es nie. Der Mensch passt sich nur ungern an, und dies auch nur sehr langsam.

Mit zunehmendem Alter vergessen wir die Kunst der Adaption. Diese Kunst, sich schnell auf neue Situationen anzupassen, lernen wir als Kleinkind und verlieren wir im Allgemeinen von Jahr zu Jahr. Wir sind daher in einem Paradoxon gefangen. Wir umgeben uns mit immer mehr vernetzten Geräten, vom Smartphone, Auto oder Activityband bis hin zum Kühlschrank, der selber die Bestellung online auslöst. Aber wir sind immer weniger gewillt, uns zu hinterfragen und uns auf die möglichen Gefahren einzustellen, die unser Verhalten verbergen mag. Es ist uns zu unbequem, darüber nachzudenken. Wir suchen die Bequemlichkeit (*convenience*) in einer Applikation und bestätigen jede Allgemeine Geschäftsbedin-

Gedanken zum Schluss

gung, ohne sie je zu lesen – einfach weil wir diese App wollen und uns die Gefahren „egal" sind.

Es liegt an jedem von uns zu entscheiden, ob wir uns selber fit machen und in einer digitalisierten Welt bestehen wollen und können. Es wird kaum reichen, als ignoranter Anwender durchs Leben zu gehen und alle in der virtuellen Welt existierenden Gefahren zu negieren. Es liegt an uns, uns zu informieren und bewusste Entscheidungen zu treffen. Uns selbst zu fragen, ob wir diese App wirklich brauchen oder ob es unser Leben wirklich bereichert.

Der Homo Sapiens Digitaliensis, der an eine digitale Welt adaptierte Mensch, ist der Mensch, der nicht jeder digitalen Versuchung nachgibt, sondern derjenige, der bewusste Entscheidungen trifft und selbst die Verantwortung übernimmt, was das richtige Mass an Bequemlichkeit bei gegebenen Risiken darstellt.

In diesem Sinne: Viel Spass beim Upload in die nächste Ebene des digitalen Zeitalters.

Unbequemer Gedanke

Der Klügere gibt nach! Eine traurige Wahrheit, sie begründet die Weltherrschaft der Dummheit.
Marie von Ebner-Eschenbach, Schriftstellerin

Das revolutionierende am World Wide Web ist die Möglichkeit, über Hyperlink Inhalte miteinander zu verbinden. Für uns ist dies heute selbstverständlich, wir klicken uns durch das Web und folgen Link über Link, bis wir gefunden haben, was wir suchen. Etwas vergessen wir dabei, nämlich uns und unsere Fähigkeiten. Das Menschliche Gehirn benötigt rund 20% unseres Energiebedarfs, und wenn wir angestrengt nachdenken müssen, noch einiges mehr. Denken kostet also Energie. Aufgrund seiner Entwicklungsgeschichte, ist der Mensch jedoch darauf konditioniert, keine Energie zu verschwenden. Viele Erfindungen wurden nur gemacht, um uns das Leben zu erleichtern, es effizienter und einfacher zu machen. Smartphones und Computer tun genau dies. Wenn wir etwas nachschlagen wollen, müssen wir nicht mehr den Weg in die Bibliothek auf uns nehmen, sondern mit wenigen Klicks finden wir, was wir suchen mithilfe von Google. Google macht es uns einfach, sogar

Gedanken zum Schluss

unsere Suche einzuschränken, damit wir das Gesuchte noch schneller finden.

Wenn Sie sich jetzt fragen, wieso dies ein Problem ist, dann stellen Sie sich selbst die Frage, was sich wirklich geändert hat zwischen dem Gang zur Bibliothek und der Benutzung von Google. Ja, wir müssen nicht mehr das Haus verlassen, wir haben vielleicht dasselbe Resultat am Ende unserer Suche. Was wir aber nicht gemacht haben, ist, unser Hirn dabei zu trainieren. Die ganze Vernetzung der Gedanken, welche notwendig ist um das richtige Buch aus dem Regal in der Bibliothek zu nehmen, ist entfallen. Google und die hinterlegten „Gedanken-Netze" anderer Google-Benutzer vor uns haben es uns einfach gemacht, das zu finden, wonach wir suchten. Es lag nicht an uns, zuerst ein mentales Gerüst unserer Suche aufzubauen, um danach Schritt für Schritt dieses zu implementieren und zu validieren, bis wir unsere Antwort auf unsere Frage gefunden haben.

Formulieren wir es anders: Uns wird das Leben dank Google und Co zu einfach gemacht. Wir verlieren Fähigkeiten, welche wir vielleicht in der Schule gelernt haben, aber heute tagtäglich verloren gehen, weil wir diese Fähigkeiten nicht mehr trainieren. Vor 40

Jahren haben uns unsere Eltern oder Grosseltern davor gewarnt, dass die Benutzung eines Taschenrechners uns „dumm" macht, weil wir verlernten, wie man Kopfrechnungen löst. Die Situation heute ist viel gefährlicher. Weil es für uns einfacher ist und unser Gehirn, ob wir es wollen oder nicht, Energie sparen will, und nicht zuletzt weil viele von uns den Unterschied zwischen effizient und effektiv nicht verstehen, beschränken wir uns selbst auf Aufgaben, welche auf lange Sicht ein Computer ganz übernehmen kann.

Unsere Entscheidung

> *„Viel mehr als unsere Fähigkeiten sind es unsere Entscheidungen, die zeigen, wer wir wirklich sind."*
> *J.K. Rowling, Schriftstellerin*

Vielleicht ist es ein kollektives Selbstwertproblem, welches wir alle im Umgang mit der „Neuen Digitalen Welt" haben. Wir verbergen uns hinter Smartphone und Apps und meinen, dass wir damit Teil der Social Media Community werden. Allzu leicht vergessen wir, dass wir nur zu einem Puzzlestein werden, der sich den Vorgaben der Hersteller der Geräte und Social-Media-Plattformen unterwirft. Wir glauben, dass sich niemand für uns und unsere Da-

Gedanken zum Schluss

ten interessiert. Wir akzeptieren Nutzungsbedingungen, ohne diese zu lesen, nur damit wir Apps herunterladen können, welche wir, wenn wir uns hinterfragen würden, nicht benötigen und unser Leben nicht merklich verbessern. Im Gegenteil, wir vergessen Prioritäten zu setzen und „spielen" lieber mit dem iPhone im Restaurant, als mit unserem Gegenüber eine „reale" soziale Interaktion zu pflegen. Virtuelle „Likes" erfreuen uns mehr, weil leichter zu erhalten, als reale Anerkennung, welche wir uns in der Interaktion mit einem realen Menschen erarbeiten müssen.

Es liegt an jedem einzelnen von uns, sich zu hinterfragen in wie weit wir Spielball oder Spieler sein wollen in der „Neuen Digitalen Welt". Wollen wir unser Leben selbstbestimmen und Entscheidungen selber treffen können, oder reicht es uns zu glauben, dass wir die Entscheidungen selber treffen?

Solange wir uns vor Augen führen, dass nichts kostenlos ist, dass wir immer, entweder mit Geld, Zeit oder unserer Privatsphäre, die Rechnung begleichen werden, dann haben wir die Grundlagen erkannt, um unsere eigenen Entscheidungen zu treffen. Auch wenn unsere Entscheidungen nicht immer richtig sind, so sind es immer noch unsere Entscheidungen, die anhand unserer Wünsche und Erkenntnisse entstanden sind. Allemal sind solche Entscheidungen besser als jene, die uns von Firmen, wie Google, Apple, Ebay oder Microsoft auferlegt wurden. Es sind unsere Entscheidungen, die uns definieren.

Frohe und Gute Entscheidungen!

IX. Anhang

Rechtliche Hinweise

Die in diesem Buch dargestellten Informationen, Gedanken, Ratschläge oder Interpretationen entsprechen den Ansichten des Autors und sind in keinem Falle als juristischer, technischer oder medizinischer Rat zu verstehen. Vielmehr sollen sie den Leser dazu animieren, sich selbst Gedanken zum Thema Privatsphäre zu machen.

Der Autor übernimmt keinerlei Gewähr für die Korrektheit oder Vollständigkeit der im Buch beschriebenen Gedanken, Interpretationen oder anderweitigen Aussagen jegliche Haftungsansprüche gegen den Autor, welche sich auf Schäden aller Art beziehen, die durch die Nutzung oder Nichtnutzung der in diesem Buch erwähnten Informationen, Ratschläge oder Gedankengänge bzw. durch die Nutzung fehlerhafter und unvollständiger Informationen oder in sonstiger Weise verursacht wurden, sind grundsätzlich ausgeschlossen.

Stichwortverzeichnis

Aktivitätsarmband, 39
Anerkennung, 78
Apple, 12, 13, 14, 18, 19, 20, 71, 72, 73
Biometrische Daten, 15
Botspot, 26
Darknet, 36
Database-Marketing, 54
Facebook, 30, 62, 70, 71, 77, 78, 84, 85, 95
Fingerabdrücke, 15, 28, 30, 82
Georg Orwell, 28
Gesichtserkennung, 28
Gleichgültigkeit, 76
Google, 10, 12, 13, 14, 24, 25, 30, 36, 53, 62, 67, 68, 69, 71, 83, 84
GPS, 33
IP Adresse, 11, 12, 88
Keyloggern, 89
Kreditkarte, 48
Leonardo Da Vinci, 22
LinkedIn, 79

Marketing, 53
Marketing ID, 54
Microsoft, 12, 14, 19, 20, 30, 67, 84
Mozilla Firefox, 88
Pinterest, 24
Profiling, 52, 59, 60, 61, 63
Registrierkassen, 54
RFID, 28, 51
Smartpen, 20
Social Engineering, 56
Spyware, 89
Stimmbild, 17
Texterkennung, 19
Tor Browser, 89
Tor Project, 89
Triebverhalten, 75
US Homeland Security Service, 16
VPN Dienst, 88
Web Browser, 88
Werbung, 53
WhatsApp, 43, 70, 71
Zugriffssteuerung, 87

Anhang

Quellen

---

i „Internet-Bekanntschaft: 23 Jahre alte Frau getötet - Kriminalität - FAZ", zugegriffen 5. Mai 2016, http://www.faz.net/aktuell/gesellschaft/kriminalitaet/internet-bekanntschaft-23-jahre-alte-frau-getoetet-1591596.html.

ii „Oberpfalz: Stalker tötet seine Internet-Bekannte - München - Abendzeitung München", zugegriffen 5. Mai 2016, http://www.abendzeitung-muenchen.de/inhalt.oberpfalz-stalker-toetet-seine-internet-bekannte.6f5c2783-b12d-4c66-bc89-4ed8fc91a67e.html.

iii „Samsung's Iris Scanner Unlocks Smartphone With Your Eyes", zugegriffen 5. Mai 2016, http://www.whatafuture.com/2015/09/30/samsungs-iris-scanner-unlocks-smartphone-eyes/.

iv „,No difference' between stealing car keys and severing fingers (Wired UK)", zugegriffen 5. Mai 2016, http://www.wired.co.uk/news/archive/2014-03/26/biometrics-stealing-body-parts.

v „FBI — Fingerprint Systems Work Together", zugegriffen 5. Mai 2016, https://www.fbi.gov/news/stories/2010/july/fingerprints/fingerprint-systems.

vi „Desoxyribonukleinsäure (DNA)", zugegriffen 5. Mai 2016, http://www.biologie-schule.de/desoxyribonukleinsaeure-dna.php.

vii „Biomarker: Das Wichtigste in Kürze", zugegriffen 5. Mai 2016, https://www.krebsinformationsdienst.de/untersuchung/tumormarker-faq.php.

viii „Die DNA-Datenbank CODIS", zugegriffen 5. Mai 2016, https://www.fedpol.admin.ch/fedpol/de/home/sicherheit/personenidentifikation/dna-profile/die_datenbank_codis.html.

ix „Exportschlager DNA-Datenbanken | GeN", zugegriffen 5. Mai 2016, http://www.gen-ethisches-netzwerk.de/gid/204/wallace/exportschlager-dna-datenbanken.

x „iOS 9 Includes Voice Training For Siri To Help Her Recognize Your Voice : TECH : Tech Times", zugegriffen 5. Mai 2016, http://www.techtimes.com/articles/83995/20150913/ios-9-includes-voice-training-for-siri-to-help-her-recognize-your-voice.htm.

xi „Livescribe :: Never Miss A Word", zugegriffen 5. Mai 2016, https://www.livescribe.com/de/smartpen/.

xii „Leonardo da Vincis vitruvianischer Mensch | wissen.de", zugegriffen 5. Mai 2016, http://www.wissen.de/leonardo-da-vincis-vitruvianischer-mensch.

xiii „Umgekehrte Bildersuche - Google Websuche-Hilfe", zugegriffen 5. Mai 2016, https://support.google.com/websearch/answer/1325808?hl=de.

xiv „botspot | make it 3D", zugegriffen 5. Mai 2016, http://www.botspot.de/de/.

Anhang

xv „Technologie | botspot", zugegriffen 24. April 2016, http://www.botspot.de/de/technologie.

xvi „Fashion meets Tech: Outfittery lässt 3D-Scanner bauen – Netzpiloten Magazin", zugegriffen 24. April 2016, http://www.netzpiloten.de/fashion-meets-tech-outfittery-laesst-3d-scanner-bauen/.

xvii „Full Body Scanner | CATSA | ACSTA", zugegriffen 5. Mai 2016, http://www.catsa.gc.ca/full-body-scanner.

xviii „BAKOM - Radio Frequency Identification Devices - RFID", zugegriffen 5. Mai 2016, http://www.bakom.admin.ch/dokumentation/Newsletter/01315/030 12/03017/index.html?lang=de.

xix „Olympics 2012 security: welcome to lockdown London | Stephen Graham | Sport | The Guardian", zugegriffen 5. Mai 2016, http://www.theguardian.com/sport/2012/mar/12/london-olympics-security-lockdown-london.

xx „Deutsche Geschichte - Geschichte - Planet Wissen", zugegriffen 5. Mai 2016, http://www.planet-wissen.de/geschichte/deutsche_geschichte/raf/.

xxi „Funketiketten: Datenschützer lesen RFID-Chips in Kleidung aus | ZEIT ONLINE", zugegriffen 5. Mai 2016, http://www.zeit.de/digital/datenschutz/2012-01/foebud-rfid-gerry-weber.

xxii „Autotechnik: Automatischer Autonotruf wird in der EU Pflicht | ZEIT ONLINE", zugegriffen 5. Mai 2016, http://www.zeit.de/mobilitaet/2015-04/auto-notruf-ecall-verkehrsunfall.

xxiii „Darknet: Ein Schatten, der uns befreien kann - NZZ #Zeitgeist2015", zugegriffen 5. Mai 2016, http://www.nzz.ch/schweiz/zeitgeist2015/ein-schatten-der-uns-befreien-kann-1.18585342.

xxiv „Handy am Steuer - PolizeiDeinPartner.de", zugegriffen 21. April 2016, http://www.polizei-dein-partner.de/infos-fuer/eltern/detailansicht-eltern/artikel/handy-am-steuer.html.

xxv „Aviation Photos, Airline Fleets & more - Just Aviation", zugegriffen 5. Mai 2016, https://www.planespotters.net/.

xxvi „AirTraffic LIVE", zugegriffen 5. Mai 2016, http://radar.zhaw.ch/.

xxvii „Kreditkarten: Boykottaufruf gegen bargeldlose Banken", zugegriffen 5. Mai 2016, http://www.handelsblatt.com/finanzen/maerkte/devisen-rohstoffe/kreditkarten-boykottaufruf-gegen-bargeldlose-banken/9283036-2.html.

xxviii „Category Management | wissen.de", zugegriffen 5. Mai 2016, http://www.wissen.de/category-management.

Anhang

xxix „The Wright Brothers | The Wright Company", zugegriffen 30. April 2016, https://airandspace.si.edu/exhibitions/wright-brothers/online/age/1910/index.cfm.

xxx Melde- und Analysestelle Informationssicherung MELANI, „Social Engineering", zugegriffen 21. April 2016, https://www.melani.admin.ch/melani/de/home/themen/socialengineering.html.

xxxi „Social Engineering: Das Hacken des menschlichen Betriebssystems | Wir benutzen das Wort, um die Welt zu retten | Der offizielle deutsche Kaspersky Blog", zugegriffen 7. Mai 2016, https://blog.kaspersky.de/social-engineering-das-hacken-des-menschlichen-betriebssystems/2186/.

xxxii „Tim Berners-Lee", zugegriffen 7. Mai 2016, https://www.w3.org/People/Berners-Lee/.

xxxiii „GIVE IT AWAY AND GET RICH! PLUS OTHER SECRETS OF THE SOFTWARE ECONOMY. - June 10, 1996", zugegriffen 2. Mai 2016, http://archive.fortune.com/magazines/fortune/fortune_archive/1996/06/10/213272/index.htm.

xxxiv „Interesse und Neugierde - warum sie wichtig sind", zugegriffen 8. Mai 2016, http://www.psychotipps.com/Interesse-Neugierde.html.

xxxv „The True Value of Email in the Age of Social Media", zugegriffen 21. April 2016, https://www.smartertools.com/blog/2011/08/29-the-value-of-email.